Schafhausen (Hrsg.) · Szenisches Lernen

Die Reihe Werkstattbuch Grundschule
wird herausgegeben von Dieter Haarmann

Handbuch Szenisches Lernen

Theater als Unterrichtsform

Herausgegeben von Helmut Schafhausen

Mit Beiträgen von
Barbara Müller, Eva Pöhler und Detlev Schmidt

Beltz Verlag · Weinheim und Basel

Über den Herausgeber:

Helmut Schafhausen, Jg. 1951, Dr. phil., Studienrat an einer Gesamtschule in Dortmund.

Mit Beiträgen von:

Barbara Müller, Jg. 1961, Schauspielerin und Theaterpädagogin, führt Fortbildungen zum Szenischen Lernen durch. Kontakt: Schüchtermannstr. 39, 44145 Dortmund, Tel.: 0231 / 838532.

Eva Pöhler, Jg. 1951, Oberstudienrätin an einer Gesamtschule in Dortmund.

Detlev Schmidt, Jg. 1954, Schauspieler und Theaterpädagoge.

Die Deutsche Bibliothek – CIP-Einheitsaufnahme

Handbuch szenisches Lernen : Theater als Unterrichtsform /
hrsg. von Helmut Schafhausen. Mit Beitr. von Barbara Müller … –
Weinheim ; Basel : Beltz, 1995
   (Beltz Praxis) (Reihe Werkstattbuch Grundschule)
   ISBN 3-407-62197-3
NE: Schafhausen, Helmut [Hrsg.]

Lektorat: Peter E. Kalb

© 1995 Beltz Verlag · Weinheim und Basel
Herstellung: Klaus Kaltenberg
Satz (DTP): Satz- und Reprotechnik GmbH, Hemsbach
Druck: Druckhaus »Thomas Müntzer«, Bad Langensalza (Thüringen)
Umschlaggestaltung: Atelier Warminski, Büdingen
Fotos: Klaus-Peter Ludewig, Dortmund
Printed in Germany

ISBN 3-407-62197-3

Inhaltsverzeichnis

Einleitung

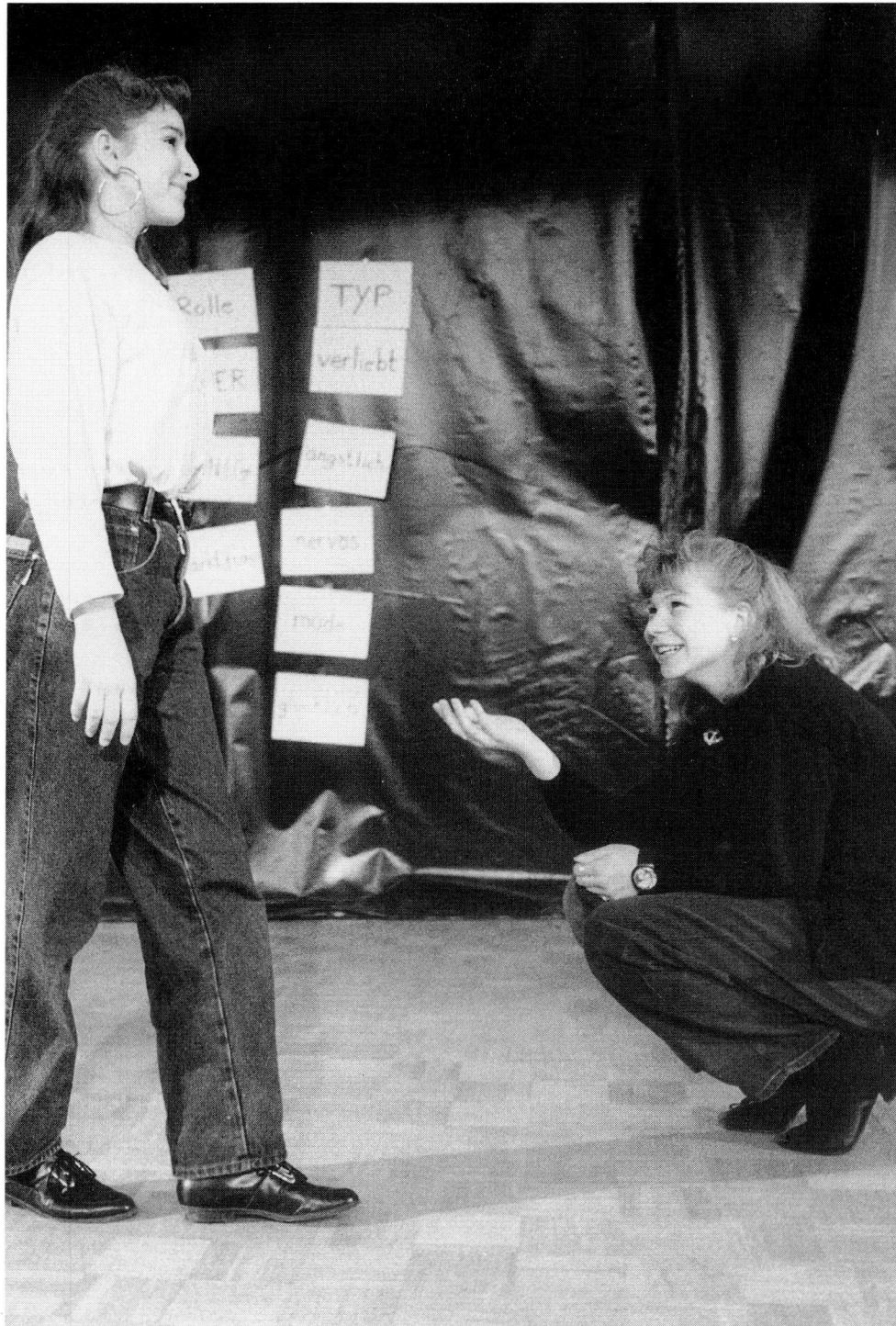

Das Projekt in Scharnhorst – eine Schule wagt anderen Unterricht

Ein großes Projekt »Theater im Schulunterricht« in Dortmund-Scharnhorst? Auf den ersten Blick würde man kaum damit rechnen, einen kulturellen Schwerpunkt ausgerechnet in einem solchen Umfeld anzutreffen, denn der Stadtteil Neu-Scharnhorst ist eine Trabantenstadt, die seit nun fast 25 Jahren vor den Toren Dortmunds in wenig einladender Hochhauseintönigkeit existiert. Fast ebenso lange liegt mittendrin eine Gesamtschule, ein riesiges Schulzentrum vom Reißbrett im anmutigen Betonstil der siebziger Jahre.

Man kann sich lebhaft vorstellen, daß die ersten Lehrer der 68er Generation noch mit viel Skepsis von den Einwohnern beäugt wurden: Bärtige und langhaarige Gestalten, mit einer hohen Fremdwortdichte pro gesprochenem Satz und Autos, die den TÜV zum sofortigen Einschreiten veranlaßten. Die Autos der Lehrer sind mittlerweile eine Augenweide für den TÜV, Bärte und Haare wurden jedoch grauer, und parallel dazu schwand die Euphorie der ersten Jahre zusehends. Angesichts neuer Schülergenerationen schlich sich Resignation ein, das eigene Tun erschien oft sinnlos und die Ideale der Anfangsjahre in unerreichbare Ferne gerückt, weil sie im Alltag so schwer umzusetzen waren: Immer mehr Schüler werden mit den traditionellen Unterrichtsformen nur noch unzulänglich erreicht, immer mehr Lehrer haben das Gefühl, daß ihr Wissen und Können nicht mehr ausreichen. Und sie müssen sich selbstkritisch eingestehen, daß der Unterricht trotz der äußeren Schulreform eben doch sehr traditionell ist, daß sich am herkömmlichen Frontalstil gar nicht soviel geändert hat. Viele Lehrer unterrichten immer noch so, wie sie es als Schüler selbst erlebt haben: mit anderem Selbstverständnis gewiß, aber dennoch veralteten Methoden. Daß diese den differenzierten Erfahrungen und Lernbedürfnissen heutiger Schüler oft nicht mehr entsprechen (dem früherer Generationen wohl auch nicht entsprochen haben), wurde in den letzten Jahren immer deutlicher.

In dieser Situation war die Versuchung natürlich groß, dem schwierigen sozialen Umfeld der Schule die Schuld zu geben. Aber allmählich wurde deutlich, daß dies kein spezielles Scharnhorster Problem ist, sondern diese Entwicklung mittlerweile auch andere Schulen (in »normalem« sozialen Umfeld) betrifft. In dieser Situation entstand der Wunsch, nicht nur über die Umstände zu klagen, sondern sich selber weiterzuqualifizieren, andere Lernformen auszuprobieren, um vom lehrerzentrierten Unterricht wegzukommen und stärker mit erfahrungs- und schülerbezogenen Lernformen zu arbeiten. Ein Projekt »Praktisches Lernen« schien der richtige Weg, und die Robert Bosch Stiftung ermöglichte mit einer großzügigen Finanzierung das Zustandekommen des Projektes »Szenisches Lernen«: Zwei Theaterpädagogen wurden eingestellt, die über die Dauer von zwei Jahren an der Schule Theaterprojekte im Fachunterricht betreuten. Denn das war das zentrale Anliegen des Projektes: Praktisches Lernen sollte nicht in den Nischen des Schulalltages, in AGs und Projektwochen stattfinden, vielmehr sollte der normale Unterricht verändert werden.

Der ästhetische Schwerpunkt entstand dabei nicht zufällig: In der Schule gab es schon vielfältige Aktivitäten und außerdem gute Kontakte zu außerschulischen Fachleuten im Bereich Theater.[1] Allen Beteiligten war von Anfang an klar, daß Hilfe von außen notwendig ist, um neue Lernformen im Alltag zu erproben, denn viele Lehrer können sich Alternativen zu ihrer Routine nicht recht vorstellen, fühlen sich im ungewohnten Bereich neuer Lernformen nicht handlungssicher. Daher erschien praktische und fachkundige Hilfestellung sinnvoll und notwendig.

So waren die Lehrer in den Projekten auch erst einmal »Lehrlinge«, keine leichte Rolle, wird doch die erworbene Routine in Frage gestellt. Es spricht für das Kollegium unserer Schule, daß viele bereit waren, einen solchen Neuanfang zu wagen. Die Projekte gaben vielfach den Anstoß, grundsätzlich über den eigenen Unterricht nachzudenken. Selbst wenn einzelne Projekte scheiterten, führten sie nicht zur Resignation, sondern erbrachten langfristig wertvolle Erkenntnisse über den eigenen Unterricht. Im Verlauf der einzelnen Projekte entwickelte sich eine produktive Zusammenarbeit zwischen den beteiligten Lehrern und den Theaterpädagogen, da beide Seiten ihre Kenntnisse in eine neuartige Form des Unterrichts einbringen konnten: die Lehrer kannten den Rhythmus der Schule besser, die Theaterpädagogen besaßen die Fachkenntnisse im Bereich Theater und brachten neue Ideen für den Unterricht mit.

Für die beteiligten Lehrer und Schüler hat sich durch die Arbeit in den Projekten des »Szenischen Lernens« einiges verändert: Unterricht ist auch in anderer Form möglich, das haben Schüler und Lehrer gemeinsam erlebt, und niemand hatte das Gefühl, nichts gelernt zu haben. Im Gegenteil – die Schüler fühlten sich viel ernsthafter gefordert. Sie lernten nebenbei ein neues Verhältnis zum Theater, einer Kulturform, mit der viele von ihnen vorher oft noch gar

1 Schafhausen, H./Wenderoth, H.: Wir machen echt Theater. Das Projekt Kleinbürgerhochzeit, Dortmund 1988.

nicht in Berührung gekommen waren. Auch das Schulleben hat sich verändert: Es ist irgendwie mehr los. Überall hört man von kleinen Aufführungen und Projekten, Klassen werden unruhig, möchten auch mal an einem Theaterprojekt teilnehmen. Ab und an eine große Aufführung als stolzes Dokument der Arbeitsergebnisse. Aber alle Beteiligten wissen genau: Dies ist nur ein Anfang. Bis solche umwälzenden Veränderungen im Unterrichtsalltag »normal« werden, werden noch Jahre vergehen, ist noch viel Arbeit im Detail nötig, denn die Mühlen der Schule mahlen langsam.

Wir möchten daher allen danken, die uns den Anfang ermöglicht und erleichtert haben: Vor allem der Robert Bosch Stiftung, die durch großzügige und unbürokratische finanzielle Hilfe dies Projekt überhaupt möglich machte, und Helmut Wenderoth, der wesentlich am Konzept mitgearbeitet hat; Otto Herz, der sich vor und während des Projektes für uns einsetzte. Der Schulleitung ist zu danken für die Unterstützung und den beteiligten Kollegen für ihren Einsatz in den Projekten. Ebenso Herrn Prof. Reiß von der Universität Münster, der uns während des Projektverlaufs in vielen Gesprächen mit Rat und Tat geholfen hat. Dankt gebührt vor allem unseren beiden Theaterpädagogen Barbara Müller und Detlev Schmidt, die mit ihrem unkonventionellen, aber sehr professionellen Engagement (trotz mancher Verwunderung über den Betrieb Schule) dies Konzept so entwickelt haben, daß man sagen kann: Es funktioniert.

Wir haben die Ergebnisse der Arbeit für alle diejenigen zusammengefaßt, die auch ohne professionelle Hilfe »Szenisches Lernen« als Unterrichtsform probieren wollen. Man findet hier notwendige Hinweise auf die Elementarisierung der Lernschritte und ihre Realisierung im Schulalltag, wichtige Vorbereitungshinweise für den Unterricht und einige ausführlich beschriebene Modellprojekte.

Theaterarbeit als Form ganzheitlichen Lernens

Praktisches Lernen als Herausforderung für den Schulalltag

Der Wunsch nach anderen Methoden des Unterrichts entsteht durch die täglichen Erfahrungen in Klassenzimmern. Die Standardsituation schulischen Lernens ist wohlvertraut: Der Lehrer versucht vor der Klasse wesentliche Bestandteile des Lernstoffes zu vermitteln, einige Schüler hören zu, die meisten haben sich gelangweilt aus der Situation ausgeklinkt, beschäftigen sich mehr oder weniger dezent mit anderen Dingen. Einige Schüler (es werden immer mehr) sind nervös, können nicht stillsitzen oder sich konzentrieren, stören daher extensiv und nachhaltig. Dies ist zwar tägliche Schulpraxis – aber eben oft keine Lernsituation, die Ursache liegt jedoch nicht nur bei den undankbaren Schülern: Die meisten Schulstunden sind immer noch überwiegend abstrakt und lehrerzentriert, bieten wenig Anknüpfungspunkte für die vielfältigen Sinne und Fähigkeiten der Schüler und beziehen ihre Erfahrungen und Handlungsmöglichkeiten nicht mit ein.

Dabei prägen die Erinnerungen an den als Schüler erlebten Unterricht viele Lehrer mehr, als sie sich selber eingestehen wollen: So halten sie zum Beispiel hartnäckig an der Auffassung fest, daß die entscheidenden Lernfortschritte ausschließlich im Frontalunterricht gemacht werden, weil sie da den gesamten Lernprozeß in »ihrer Hand haben«, obwohl die schulische Realität jeden Tag das Gegenteil beweist. Viele Lehrer vergessen auch bei der verklärenden Erinnerung an ihre Schülerzeit, wie sehr sie sich damals gelangweilt und wie wenig sie von dem dargebotenen Lernstoff behalten haben.

Die Schüler danken heute den Blick zurück nicht mehr: Die in der Schule sichtbaren Folgen gesellschaftlicher Veränderung und Modernisierung decken erbarmungslos auf, daß es großen Nachholbedarf an anderen Formen des Unterrichts gibt. Konnten früher schulische Disziplin und gesellschaftliche Normen die Schüler noch dazu bringen, auch sinnentleerte und langweilige Schule zu ertragen, so zeigen die Schüler heute relativ direkt, wie der Unterricht »ankommt«. Viele Disziplinprobleme sind bei näherem Hinsehen auch Verstehensprobleme, die Lernprozesse sind nicht so aufgebaut, daß sich die Schüler darin wiederfinden. Die schlechten Erfahrungen im Schulalltag sollten der Auslöser dafür sein, Lernprozesse viel selbstverständlicher so zu planen, daß die Schüler vielfältiger gefordert und gefördert werden, sich insgesamt stärker und auf verschiedenen Ebenen am Lernprozeß beteiligen können. Lernformen mit praktischen Elementen bieten die Möglichkeit, ergebnis- und prozeßorientiert in der Schule zu arbeiten: Die Schüler haben das Ziel des Lernens stärker im Blick und können über die Wege dorthin mitbestimmen; sie setzen sich auf verschiedenen praktischen und kognitiven Ebenen mit ihrer Umwelt auseinander und können ihre Arbeit an konkreten Ergebnissen überprüfen.[2]

Erfahrungsorientierte praktische Lernprozesse entwerfen andere Bilder von Unterricht: Der frontale Stil wird aufgebrochen, der Lehrer wird vom Dozenten eher zum Moderator des Lernprozesses. Hier werden Lernziele und -wege nicht allein durch den Lehrer bestimmt, sondern erhalten ihre Struktur durch die Sache selbst, die die Schüler nachvollziehen können. Wenn etwa ein Biotop erstellt, eine einfache Windenergieanlage entwickelt oder eine Theaterszene zum Thema »Phantasiegeschichten« erstellt werden soll, so ergeben sich bestimmte vorbereitende Einzelschritte, die die Schüler selbst erkennen und gestalten können. Diese Schritte müssen in eine sinnvolle Abfolge gebracht und konkrete Schritte der Realisierung geplant werden. Natürlich gibt es auch lehrerzentrierte Phasen, sie haben jedoch einen anderen Stellenwert, denn oft arbeiten die Schüler selbständig an bestimmten Teilphasen des Projektes.

Die Lernforschung hat schon lange gezeigt, daß Lernprozesse dann erfolgreich sind, wenn sie möglichst viele Aktivitäten der Lernenden einschließen, eine für sie sinnvolle Struktur aufweisen und bereits Bekanntes integrieren.[3] Praktische Lernprozesse verbinden verschiedene Lernebenen an einer konkreten Aufgabe und beziehen so die Schüler insgesamt mehr in den Prozeß ein. Ein Mißverständnis besteht oft über das Verhältnis von kognitiven und praktischen Elementen dieser Lernform: Praktisches Lernen ist keine »Bastelalternative« zum Schulalltag mit rein reproduktiven Elementen, um dessen vorwiegend abstrakte Lernanteile zu entlasten, sondern integriert Theorie und Praxis an einem bestimmten Beispiel. Die gestellten Aufgaben sind ohne kognitive Anstrengungen nicht zu lösen, durch die Lösung der praktischen Aufgabe wird auch die kognitive Lernstruktur entwickelt. Der Arbeitsprozeß soll jedoch die Erfahrungen und Kenntnisse der Schüler produktiv integrieren und am Schluß möglichst ein praktisches Ergebnis vorweisen.

Das Ziel sollte die Alltagstauglichkeit solcher Arbeitsformen sein, denn der Schulalltag ist die Nagelprobe für die Veränderung der gegenwärtigen Lernformen. Dies um so mehr, da die alltäglichen Strukturen der Schule, die Hek-

2 Fauser, P./Fintelmann, K.J./Flitner, A. (Hrsg.): Lernen mit Kopf und Hand. Weinheim und Basel 1983.
3 Neber, H. (Hrsg.): Entdeckendes Lernen. Weinheim und Basel 1973. Foster, J.: Aktives Lernen. Ravensburg 1974.

tik, die großen Klassen und das Stundenraster nicht zur Innovation einladen, sondern immer wieder die starren Formen traditioneller Lehrmethoden begünstigen. Ein Problem liegt aber auch in den Köpfen der Lehrer: Es gibt vielfältige Hemmungen, neue Lernformen einzuführen, da sich die Lehrer darin unsicher fühlen und ihrer erworbenen Routine beraubt sehen und sich daher ängstlich fragen, ob sie denn in anderen Lernformen noch genug Autorität ausstrahlen. Man hört oft von positiven Erfahrungen in Projektwochen oder Fortbildungen, die aber nur selten ihren Niederschlag im Schulalltag finden: »Mit meiner Klasse geht so etwas nicht«, heißt die Formel, mit der jeder Transfer auf den eigenen Unterricht abgeblockt wird. Praktisches Lernen muß sich daher auf die Strukturen der Schule, auf bestehende Klassengrößen, auf Stundentakt und organisatorische Zwänge beziehen, muß praxisnahe und erprobte Modelle liefern, um Lehrern den Einstieg in neue Lernformen zu erleichtern. Es sollte sich daher nicht nur auf die Nischen des Schulalltages (etwa die Projektwoche) beschränken, sondern Inhalte des Fachunterrichts in einer Form thematisieren, die die Sinne und Fähigkeiten der Schüler stärker fordert und den herkömmlichen Unterricht auf diese Weise aufbricht. Dies kann jedoch nur geschehen, wenn praktikable Modelle die Lehrer ermutigen, die eigene, enge Wahrnehmung vieler Lernsituationen zu erweitern und sich neuen Formen auszusetzen. Auf diese Weise wird Praktisches Lernen langfristig die Strukturen der Schule von innen verändern.

»Szenisches Lernen« –
Theater als Unterrichtsform

Szenisches Lernen verwendet ästhetische Formen in ganzheitlichen Lernprozessen und versucht so verschiedene Elemente szenischen Spiels zu integrieren, wie sie in der pädagogischen und didaktischen Diskussion der siebziger Jahre entwickelt wurden. So bietet etwa das Rollenspiel[4] eine Möglichkeit, einen Zusammenhang zwischen Sprache und Handeln als Form sprachlicher Pragmatik herzustellen. Die Schüler führen im Spiel realitätsbezogenes Probehandeln im Unterricht durch, Szenen aus ihrer alltäglichen Umgebung ermöglichen es ihnen, sich mit ihrer sozialen Umgebung auseinanderzusetzen und sich über ihr Verhältnis zu dieser Umwelt klarzuwerden.

W. Stankewitz[5] entwickelt diesen Ansatz im Zusammenhang einer kommunikativen Didaktik weiter, die Schüler stärker verbal und handelnd in das Unterrichtsgeschehen einbeziehen will. Während das soziale Rollenspiel eher den Alltag der Mitspieler zum Thema macht, wird bei Stankewitz stärker die theatralische Ebene betont: Es werden nicht nur soziale Prozesse nachgestellt, sondern auch theatralische und darstellerische Elemente einbezogen. Die Schüler sollen angeregt werden, phantastische Szenen neben realistischen zu gestalten und auch die potentiellen Zuschauer des Spielens mitzubedenken. Stankewitz stellt so wichtige Aspekte praktischer ästhetischer Erziehung vor allem in Hinsicht auf zukünftige Curriculumentwicklung zusammen.

Ein weiterer Baustein Szenischen Lernens ist das traditionelle Schulspiel, das im Gegensatz zum Rollenspiel eine abgeschlossene Aufführung zum Ziel hat und damit auch stärker schauspielerische und bühnentechnische Aspekte der Darstellung in den Vordergrund stellt. Das Schulspiel oder -theater befreit sich zunehmend vom Image einer (oft hölzernen) Imitation offizieller Stadttheaterkultur und gewinnt durch den Einfluß freier Theatergruppen eigene ästhetische Qualitäten. Aus der Fülle von Literaturhinweisen, die grundle-

---

4 Kochan, B. (Hrsg.): Rollenspiel als Methode sprachlichen und sozialen Lernens. Ein Reader. Kronberg/Ts. 1976. Shaftel, F.R./Shaftel, G./Weinmann, W.: Rollenspiel als soziales Entscheidungstraining. Völlig neubearbeitet und übersetzt von Christine und Wulf Weinmann. München/Basel 1976.
5 Stankewitz, W.: Szenisches Spiel als Lernsituation. München/Wien/Baltimore 1977.

gend die Theaterarbeit und szenische Darstellung behandeln, seien hier stellvertretend einige erwähnt.[6] Gemeinsam ist allen die sorgfältige Einführung in die körperbetonte Arbeit zur Vorbereitung von Rollen und Szenen: Darin liegt auch eine Chance, das oft körperlose und deklamatorische Spiel von Schülerbühnen plastischer und interessanter zu machen.

Vor allem sei hier auf Ingo Schellers Ansatz des Szenischen Spiels[7] verwiesen, der szenische Erarbeitungen von Textstellen und Dramenausschnitten als Lernform und Interpretationshilfe für den Deutschunterricht nutzt. Es geht um eine neue Form schulischer Interpretation: Die Schüler verstehen Dramen, indem sie sie selber ausschnittsweise spielen, sich in Gestik, Mimik, Kleidung und Bewegungsabläufe der beteiligten Personen hineinversetzen und so auch ihre eigene historische Distanz (und Nähe) zu älteren Dramen erfahren.

»Szenisches Lernen« versucht diese verschiedenen Elemente zu integrieren: Unterrichtsinhalte verschiedener Fächer werden in kleine oder größere variable Theaterszenen umgesetzt und auf diese Weise für Schüler anschaulich. Auch wenn Szenisches Lernen – ähnlich wie das Rollenspiel – eine »kleine« variable Form des Theaterspiels ist, so versucht es in der Genauigkeit der Darstellung stärker theatralische Elemente aufzunehmen: Der Lernprozeß besteht in einer genauen theatralischen Erarbeitung bestimmter Szenen, die phantastische, fiktionale oder reale Situationen und Szenerien umfassen können. Das Ziel ist jedoch nicht unbedingt, Theaterstücke aufzuführen, wie es etwa in Arbeitsgemeinschaften oder Literaturkursen geschieht. Es wird auch keine »Spezialausbildung« im ästhetischen Bereich, etwa im Sinne einer Grundausbildung »Theater« angestrebt. Szenisches Lernen will vielmehr das eigene Spiel der Schüler als ganzheitliche Lernerfahrung im Unterrichtszusammenhang nutzen – ein anderes Verhältnis zum Theater stellt sich bei den Schülern als »Nebenprodukt« der Arbeit ein.

Neu ist beim »Szenischen Lernen« die radikale Anwendung auf den Schulalltag: Theatralische Formen werden im Rahmen des »normalen« Unterrichts mit ganzen Klassen und im »normalen« Stundentakt als Lernform eingesetzt. Auf den ersten Blick scheinen Theater und Unterricht Pole zu bilden, die weit auseinander liegen: Theater hat die Aura des »Besonderen« und sprengt den engen Schulrahmen; es braucht Atmosphäre, die man in der Schule nur schwer findet, und eine gewisse Professionalität, die es erst zum Ereignis werden läßt. Der Schulbetrieb fordert dagegen einen engen, festen Rahmen,

---

6 Lowndes, B.: Erstes Theaterspielen mit Kindern. Von der Wahrnehmung über Bewegung und Sprache zu einfachen Spielszenen. Aus dem Englischen von Ruth Nickel. Ravensburg 1979. Giffei, H.: Theater machen. Ein Handbuch für die Schul- und Amateurbühne, Ravensburg 1982. Batz, M./Schroth, H.: Theater grenzenlos. Handbuch für Spiele und Programme. Reinbek 1985.
7 Scheller, I.: Wilhelm Tell – szenisch interpretiert. Stuttgart 1992. Scheller, I.: Wir machen unsere Interpretationen selber. Dortmund/Oldenburg 1989.

übersichtliche Zeiteinheiten, abfragbares Wissen und hat es mit Schülern, also Laien, zu tun. »Szenisches Lernen« macht sich bestimmte Prinzipien der Theaterarbeit als praktisches Element schulischer Lernprozesse zunutze, etwa

- die spielerische Wiedergabe von Wirklichkeit in der Gestaltung von Szenen und Bildern,
- die genaue Bearbeitung der dargestellten Wirklichkeit anhand von Fachwissen und Erfahrungsaustausch,
- die ästhetische Erarbeitung einzelner Rollen und Abläufe und
- den ernsthaften und produktorientierten Arbeitsprozeß.

Diese Prinzipien ermöglichen innerhalb des schulischen Rahmens Lernformen, die vielfältige Anforderungen an kognitive, kommunikative und ästhetische Kompetenzen der Schüler stellen: Sie bilden so eine praktische Klammer für Unterrichtsinhalte, die sich dem schulischen Rahmen anpaßt und ihn gleichzeitig erweitert. Der Anwendungsbereich Szenischen Lernens erscheint unbegrenzt: Bisher stehen (noch) die geisteswissenschaftlichen Fächer im Vordergrund; so wurden Projekte in Deutsch und Fremdsprachen, Politik, Sozialkunde, Geschichte, Erdkunde (in Gesamtschulen als »Gesellschaftslehre« zusammengefaßt) durchgeführt. Es ist zu hoffen und zu erwarten, daß auch zunehmend im naturwissenschaftlichen Bereich diese neue Lernform probiert und weiterentwickelt wird. Grundsätzlich lassen sich in allen Fächern szenische Zusammenhänge vorstellen, die eine Umsetzung von Fachinhalten ins Spielen ermöglichen.

Das bedeutet für die Schüler einen komplexen Lern- und Arbeitsprozeß: Die Szenen werden von ihnen in der Regel erst im Spiel entwickelt und dann erst aufgeschrieben, liegen also nicht schon als fertiger Text vor. Dieses Vorgehen erweist sich als produktiv, weil die Schüler eigene Vorstellungen und Erfahrungen stärker einbringen können.[8] Das Konzept des Szenischen Lernens geht davon aus, daß Schüler eben auch visuell »denken«: Bilder und Szenen, die sie selber erarbeiten, prägen sich als »plastische Metaphern« wesentlich stärker ein als reine Textrezeption. Szenisches Lernen regt über seine Bildhaftigkeit die Phantasie der Schüler eher an als reine Textarbeit. Bestimmte Sachverhalte werden nicht mehr nur abstrakt (und oft unverstanden) gelernt, sondern konkret begriffen. Die Schüler erarbeiten sich ihren Lernstoff als Verbindung von Text und Bild selber: Die Szenen bilden nicht nur Fachinhalte ab, sondern provozieren selber Fragen, die im Fachunterricht geklärt werden müssen: Lernen und Spielen bilden eine Einheit. Auch werden die Szenen nicht situativ zu einem Problem, sondern aus der Kenntnis des Fachunterrichts heraus entwickelt.

---

8 Zu den Einzelheiten siehe Kapitel »Entwicklung von Szenen und Dialogen« (S. 29ff.).

Wie lassen sich nun Unterrichtsinhalte ins Szenische Lernen integrieren? Ein Beispiel verdeutlicht den Zusammenhang: Im Unterricht wird das Thema »Mittelalter« behandelt. Statt nun ausschließlich mit dem Geschichtsbuch zu arbeiten, bietet das Szenische Lernen einen komplexeren Zugang: Während im Fachunterricht das Alltagsleben des Mittelalters, Stände, Zünfte und das Leben in der Stadt besprochen werden, wird in der szenischen Arbeit versucht, das Alltagsleben mosaikartig plastisch werden zu lassen, indem man Vermutungen, Informationen aus dem Fachunterricht und eigenes Vorwissen zu Bildern und Szenen zusammenfügt. Ansatzpunkte sind dabei schon Bewegung und Mimik: Wie sehen eine Königin, ein Bauer, ein Ritter, eine Magd oder eine Heilerin aus, welche Haltung nehmen sie an, wie bewegen sie sich? Dabei lassen sich auch Variationen ausprobieren: Wie bewegt sich eine nervöse Königin, ein verletzter Ritter? Es sind auch Konfrontationen denkbar: Wie verhalten sich Magd und Königin, wenn sie sich begegnen, welchen Sprechduktus haben sie, wie ist ihre Körpersprache? Schüler können so auch mit geringen Vorinformationen eine Palette anschaulicher Figuren des Mittelalters zusammenstellen.

Aus diesen elementaren Figuren und Bewegungen lassen sich kleine Szenen entwickeln, etwa kurze Begegnungen im Schloßhof oder auf dem Markt: Ein Zahnreißer behandelt die Magd, Gaffer stehen herum. Wie kann man sich die Szene vorstellen, welche Instrumente stehen zur Verfügung, wie reagiert die Patientin bei Schmerzen, wie reagieren die Leute, wie sehen die Straßen aus, worauf müssen etwa Passanten auf mittelalterlichen Straßen besonders aufpassen? Möglich ist auch eine Begegnung mit sozialer Brisanz: Die Königin trifft unvermutet auf einen Bettler – was wird wohl passieren? Der nächste Schritt kann eine vollständige Szene sein; zuerst schreiben die Schüler Rollenprofile: Was für ein Zahnreißer soll auftreten, ist er jung, hat er an dem Tag schlechte Laune? Dann wird die Szene in Stichworten an der Tafel oder auf einem Plakat skizziert, die Dialoge beim Spielen entworfen und beim Proben verbessert. Dafür muß Fachwissen zusammengetragen oder bereits vorhandenes angewandt werden. Nun bekommen die Figuren eine eigene Dynamik und beginnen zu leben, Konflikte entwickeln sich, Reaktionen werden provoziert, es beginnt eine Handlung.

Die Szenen können später auch aufgeschrieben und zu einem Stück zusammengefügt werden. Das ist jedoch nicht das eigentliche Ziel der Arbeit: Es geht darum, in der Auseinandersetzung mit Figuren eine Vorstellung über das schwierige Leben im Mittelalter, die politischen und alltäglichen Probleme der Menschen zu bekommen, indem man selber ins Mittelalter »eintaucht« und abstraktes Wissen in Handlung umsetzt. Die szenischen Erfahrungen machen die Texte aus dem Geschichtsbuch für die Schüler anschaulicher, weil man sich unter dem Gelesenen mehr vorstellen kann. Man hat nun einen Anknüpfungspunkt, das provoziert weitere Fragen.

Im Spielen wie auch in der Beobachtung kleiner Szenen wird ein ganzheitlicher Lernprozeß aktiviert, der Wissen in Bilder und damit in plastische Erfahrung umsetzt. Dieser Lernprozeß fordert die Schüler auf verschiedenen Ebenen: Sie sind an diesem Arbeitsprozeß viel stärker beteiligt als im normalen Unterricht; denn jeder schlüpft in verschiedene Rollen, wird verschiedene Begegnungen mit anderen Rollen erleben, kann die Aktionen der Mitschüler begutachten, wie auch seine begutachtet werden. Präzise körperliche Bewegung wird ebenso trainiert wie ein deutlicher Sprechduktus, kognitives Wissen ebenso gefordert wie praktisches, denn die eigene Bewegung muß zur aufgeschriebenen Rolle passen, ebenso wie die Rolle zum Wissen über das Mittelalter: Da kann nicht irgendeine Geschichte entwickelt werden, vielmehr müssen die Details und die Fakten zum Mittelalter passen, Ungenauigkeiten werden sehr schnell von den anderen korrigiert. Insgesamt sind Kreativität und Vorstellungskraft bei der Entwicklung von Rollen und Handlungsablauf der einzelnen Szenen gefordert.

Lernen bedeutet hier immer auch körperliche Aktion, man muß bestimmte Ideen in Typen und Handlungen umformen, eine Rolle ausgestalten und diese spielen und sprechen. So lernen die Schüler während des Szenischen Lernens auch ästhetische Formen kennen, entwickeln eigene Ausdrucksmöglichkeiten und differenzieren sie im Laufe der Arbeit. Dies kann man in einer Szene jedoch nur gemeinsam mit anderen leisten, man ist darauf angewiesen, in Gruppen zusammenzuarbeiten. So bekommt Gruppenarbeit, die ja sonst im Unterricht nur wenig eingesetzt wird, in fest umrissenen Arbeitszusammenhängen ihren Sinn.[9] Am Ende steht ein (kleines) Produkt, die Präsentation der Arbeit, die den ganzen Prozeß motiviert, aber auch zur Qualität zwingt, wenn man sich nicht blamieren will. Man lernt etwas, aber man muß sich ernsthaft dafür anstrengen und hat noch Spaß obendrein. Damit werden auch (wieder) Schüler erreicht, die sich dem traditionellen Unterricht entziehen oder ganz verweigern.

Schriftliche Formen lassen sich in diesen Prozeß sinnvoll integrieren, da sich an verschiedenen Stellen funktionale Schreibanlässe bieten: Die Schüler halten Zwischenschritte der Erarbeitung fest, beschreiben, wie sie sich bestimmte Berufsgruppen und ihr Aussehen vorstellen. Sie fassen Informationen aus dem Fachunterricht speziell für die Szenen zusammen, erarbeiten sich eigene Rollenprofile oder kleine Szenenabläufe und können Szenen dialogisieren. Dabei kann ein Text im Spiel benutzt werden oder umgekehrt das Gespielte dokumentiert werden, es sind verschiedenste Formen möglich. Und: Es wird im wahrsten Sinne des Wortes auch viel geübt. Szenisches Lernen ist so

---

9 Siehe dazu die Anregungen in den Kapiteln »Theaterarbeit unter den Praxisbedingungen der Schule« (S. 37ff.) und »Szenische Projekte im Fachunterricht« (S. 43ff.)

nicht nur die angenehme Abwechslung vom grauen Unterrichtsalltag, sondern ein ernsthafter Arbeitsprozeß, der die Schüler ganzheitlich fördert und fordert.

Ein anderes Beispiel belegt, daß Szenisches Lernen ein neues Thema auch erschließen kann: Während Schüler beim Schreiben von Phantasiegeschichten heute oft nur Versatzstücke ihrer Medienerfahrung aneinanderreihen, ohne daß ein eigener roter Faden erkennbar wird, ermöglicht Szenisches Lernen einen anderen Zugang.

Als wir Schülern die Aufgabe stellten, im vertrauten Unterrichtsraum normale Gegenstände ins Unheimliche und Ungewohnte zu verwandeln, entwickelten sie eine eigenständige Phantasie: Schränke begannen zu leben, die Gestalt auf einem Poster trat plötzlich ins Zimmer, Gegenstände im Küchenschrank unterhielten sich über ihre Benutzer und so fort. Diese bildlichen Eindrücke der eigenen Phantasie halfen den Schülern später, sich beim Schreiben mehr auf eigene Ideen zu verlassen, eine eigene Erzählidee zu entwickeln und auf Medienmonster zu verzichten. Das ist auch bei anderen Themen denkbar: In der Erstellung einfacher Szenen können Schüler ihre Alltagserfahrungen in verschiedenen Zusammenhängen produktiv in den Unterricht einbringen und gehen dabei über das Rollenspiel, das »ad hoc« in der Situation entwickelt wird, hinaus.[10]

Die Projekte sind in der Regel an ein Unterrichtsfach angebunden, die Themen werden in Anlehnung an den Fachunterricht entwickelt, können aber natürlich auch fachübergreifend konzipiert werden. Szenisches Lernen und Fachinhalte ergänzen sich zu einem umfassenden Lernprozeß. Teilweise münden die Projekte in einer Aufführung, teilweise bleibt das Spiel auch innerhalb der Gruppe. Die Theaterstunden beginnen mit Lockerungs- und Spielübungen, um bei den Schülern Hemmungen abzubauen. Anschließend beginnt das Szenische Lernen mit bestimmten, auf das jeweilige Thema bezogenen Übungen.[11]

Der Anspruch an Lehrer und Schüler ist hoch, da es sich um neue Formen handelt. Theater und Schule lassen sich (zum Glück) nie ganz zur Deckung bringen, das spürt man in den Projekten: mal geht es mehr ums Theaterspielen, wenn eine packende Handlung gefunden ist, oder Themen eine Rolle spielen, die den Schüler gerade auf den Nägeln brennen. Oder aber es werden kleine und kleinste Szenen gespielt, die stark an Fachinhalten orientiert sind. Auch wenn es sich nur um kurze Szenen oder ein »Miniprojekt« handelt, so ist diese Form der Arbeit für die Schüler interessanter und produktiver als ein Frontalunterricht, der ausschließlich mit Texten arbeitet.

---

10 Weitere Beispiele finden sich im Kapital »Szenische Projekte im Fachunterricht« (S. 43ff.).
11 Dazu mehr im Kapitel »Spiele und Übungen ...« (S. 73ff.).

Bei allen Schülern ist deutlich zu spüren, daß sie in wesentlich breiterem Maße als sonst in ihren kognitiven, kreativen und sozialen Fähigkeiten angesprochen werden, Phantasie und Vorstellungskraft einbringen können, praktische Fertigkeiten beweisen müssen und natürlich dann auch stolz auf ihre Ergebnisse sind. Man erreicht mit Anforderungen auf vielfältigen Lernebenen auch Schüler, die sich im kognitiv betonten, textbezogenen Unterricht nicht so leicht artikulieren können. Aufschlußreich ist in diesem Zusammenhang etwa das Beispiel eines Schülers, der mit Verhaltensstörungen, Konzentrations-, Lese- und Rechtschreibschwächen im Unterricht eher zu den Verweigerern gehörte. Im Theaterprojekt gelang es ihm, ein neues Verhältnis zum Unterricht zu entwickeln. Er verfaßte zusammen mit einem Mitschüler eine eigene Szene, schrieb sich sozusagen eine Rolle »auf den Leib«, die in den Kontext des Ganzen paßte, und spielte diese Rolle dann auch hervorragend. Noch wichtiger als dieses sichtbare Ergebnis waren die eher beiläufigen Fortschritte: Die Sache machte ihm nicht nur Spaß, sondern er arbeitete kontinuierlich in einem inhaltlichen Zusammenhang mit den anderen Schülern, mußte sich richtig anstrengen, um die Szene korrekt aufzuschreiben, stand den gesamten Arbeitsprozeß über mehrere Wochen ohne Einbruch durch, überwand bei den Proben seine unglaubliche Aufgeregtheit und Nervosität und bewältigte bei der Premiere sogar einen Patzer auf der Bühne souverän.

Schüler sind vor den ersten Projekten oft skeptisch, ob so etwas mit der ganzen Klasse realisiert werden kann, weil sie das in der Schule relativ selten erleben. Die Klassen, die solche Projekte »Szenischen Lernens« erfolgreich durchführen, bekommen auch als Gruppe einen anderen Zusammenhalt, da sie gemerkt haben, daß der gemeinsame Arbeitsprozeß erfolgreich war. Das relativiert die Vereinzelung der Schüler im normalen Unterricht und macht deutlich, daß man in bestimmten Zusammenhängen als Gruppe mehr erreichen kann. Solche Klassen bekommen eigenständige Gruppenqualifikationen, auf die man in der weiteren Arbeit zurückgreifen kann: Sie stellen individuelle Interessen zurück, halten längere Arbeits- und Übungsphasen durch, lernen auf Schwächere Rücksicht zu nehmen und diese zu integrieren und vieles andere mehr.

Vorbereitung einzelner Rollen

Szenisches Lernen ist nicht an Textvorlagen gebunden, fertig formulierte Texte können den inhaltsbezogenen Lernprozeß in gewisser Weise sogar behindern: Die allmähliche Entwicklung von Personen und Rollen in bestimmten Situationen und Konflikten ermöglicht erst die Verzahnung von kognitivem (Fach-)Wissen und anschaulicher Darstellung. Während des Arbeitsprozesses mit neuen Einsichten und Ergebnissen wird sich der Ablauf (und damit der Text) zwangsläufig ändern.

So wird ein erweitertes und handlungsorientiertes Textverständnis angeleitet: Die Schüler merken, daß sich sowohl die szenischen Anweisungen als auch der gesprochene Dialog in der gemeinsamen Arbeit erweitern und differenzieren. Sie lernen, daß der erstellte Text variabel ist und auf Veränderungen im Gesamtgefüge reagiert. Der situative Kontext oder die Gefühle der handelnden Personen (und damit die Sprechabsichten) können sich verändern oder müssen genauer beschrieben werden: Sprache als lebendiges Produkt, das sich im Arbeitsprozeß verändert.

Dieses Vorgehen ermöglicht den Schülern, mit Hilfe von themenbezogenen Anregungen (etwa vorgegebene Wörter, Sätze oder Gegenstände) Szenen erst einmal zu improvisieren. Diese Improvisationen werden dann nach den ersten Eindrücken ausgebaut und erst später in schriftlicher Form festgelegt. So liegt der Schwerpunkt auf der gespielten Situation und den Charakteren und nicht auf einem festgelegten Text, die Szenen werden meistens lebendiger und farbiger; denn die Spieler haben eine größere kreative Freiheit, Ideen und Impulse einzelner Spieler, die aus der Interaktion geboren werden, können sofort eingebaut werden. Hat man bei einer Improvisation den Eindruck, sie sei interessant, spannend und ausbaufähig, wird sie wiederholt. Das nimmt ihr zwar den Charakter des Spontanen, festigt jedoch den Spielverlauf und läßt Änderungen und Verbesserungen zu. Die so überarbeiteten Improvisationen können dann, wenn alle Beteiligten zufrieden sind, aufgeschrieben werden. Die schriftliche Fixierung hilft auch, die Szenen zu einem späteren Zeitpunkt aufzugreifen und weiter daran zu arbeiten, wie es im folgenden Kapitel beschrieben wird.

Schüler, die noch nicht Theater gespielt haben, brauchen Hilfe und Anstöße bei der Entwicklung und Improvisation von Szenen. Einige Schüler verbinden mit Theaterspielen das Lernen eines fertigen Textes und fühlen sich unsicher, wenn kein Text da ist. Man kann ihnen helfen, indem man Anfangsimpulse für Szenen vorgibt. Improvisationen und Aufwärmübungen im Vorfeld der eigentlichen Szenenentwicklung sollten daher so angelegt sein, daß sie den Schülern schon szenische Ideen anbieten. Beim Thema »Phantasiegeschichten« sollten die Improvisationen phantastische Situationen vorbereiten, indem sie Gegenstände zum Sprechen bringen. Beim »Erzählen« stehen dann erzählerische Spiele im Mittelpunkt. Anregungen für solche themenvorbereitenden Spiele finden sich im Kapitel »Spiele und Übungen ... (S. 73ff.). Mehrere Gruppen spielen z.B. eine Szene, die mit demselben Satz (etwa »Wer hat den Pudding gesehen?«) anfängt. Oder der Anfang der Szenen wird gesetzt: Im Kaufhaus wird ein Dieb erwischt. Welche verschiedenen Möglichkeiten gibt es, die Handlung weiterzuführen?

Man wird sehen, daß jede Gruppe die Szenen anders (und doch in sich schlüssig) zu Ende führt. Damit die Szenen lebendig und spannend werden, sollten die Handlungsabläufe möglichst konfliktreich und überraschend sein.

Dies läßt sich zum Beispiel üben, indem man für eine Improvisation mehrere Möglichkeiten des Endes findet.

Eine große Hilfe bei der Improvisation ist die Erarbeitung von »Rollen«, d.h. von bestimmten Personen und deren Eigenschaften. Gerade Anfänger neigen dazu, Charaktere zu spielen, die ihrer eigenen Persönlichkeit sehr nahe sind. Was zunächst wie eine Vereinfachung erscheint, führt immer wieder dazu, daß die Szenen zu eng am Alltag der Beteiligten angesiedelt sind, die Spieler sich langweilen oder scheinbar merkwürdige und für sie »abwegige« Verhaltensweisen nicht darstellen wollen. Die Szenen werden oft uninteressant, da die Bandbreite möglicher Charaktere und Handlungen nicht ausgeschöpft wird. Die Vorbereitung der Improvisationen sollte daher auch dazu ermutigen, andere »Rollen« zu spielen.

Der Begriff »Rolle« vereint in sich eine bestimmte Person und deren spezifische Eigenschaften. Wenn eine Szene entwickelt werden soll, stehen bestimmte Personen zur Diskussion, etwa »König« oder »Bauer«. In einem ersten Schritt können die Schüler allgemeine, teilweise vielleicht sogar klischeehafte Vorstellungen, die sie zu solchen Personen haben, äußern, etwa die Art der Kleidung, des Ganges, der Sprache oder der Mimik. Im zweiten Schritt werden dann aus den allgemein beschriebenen Personen »Rollen« durch bestimmte unverwechselbare Eigenschaften, die zu einer bestimmten Szene und Handlung passen. Personen und deren Eigenschaften können gemeinsam vor oder begleitend zu den Improvisationen entwickelt werden und geben den Schülern mehr Sicherheit auf der Bühne, weil Einzelheiten der Rolle, ihrer Eigenheiten und Körpersprache geklärt werden.

Sowohl Vorschläge für Personen (Polizist, König, Mutter, Bettler, Ärztin ...) als auch mögliche Eigenschaften (nervös, vergeßlich, freundlich, müde ...) werden gesammelt, auf Zettel oder Tafeln geschrieben und zunächst ungeordnet an die Wand geheftet. Die Schüler sortieren die Begriffe, indem sie der jeweiligen Person (Wen oder was spiele ich?) mögliche Eigenschaften zuordnen.

Das läßt sich mit allen vorkommenden Rollen ausprobieren: An dieser Stelle verbindet sich das Vorwissen der Schüler mit Fachwissen aus dem Unterricht, um in den so erschaffenen Rollen der Szene konkret zu werden.

Die Schüler können auf diese Weise erst einmal herausfinden, welche Eigenschaften allgemein zu welchen Rollen passen und umgekehrt. Kann ein König ängstlich, eine Mutter nervös sein? Kann ich einer Person mehrere Eigenschaften zuordnen? Welche passen zueinander? Welche Personen können gleiche oder ähnliche Eigenschaften haben? Durch die Zettel lassen sich schnell alle möglichen Variationen ausprobieren und mögliche Eigenschaften oder Rollen zuordnen:

Person:

»König« müde, ängstlich, nervös
freundlich, verliebt, traurig
faul, wütend, egoistisch, herrisch

Das läßt sich auch praktisch ausprobieren: Wie benimmt sich der König, wenn er müde, ängstlich oder verliebt ist? Wie unterscheidet sich seine Sprache, wenn er wütend oder wenn er traurig ist? Mit Hilfe der Tafeln, die ja immer wieder verwendet werden können, entstehen durch Zuordnen und Auswählen viele Eigenschaften, den Schülern wird so klar, welche Rollen sie spielen können und wie diese aussehen.

Daran schließt sich die Frage an: Woran erkenne ich eine bestimmte Eigenschaft? Die Schüler finden schnell heraus, daß zu einer bestimmten Eigenschaft individuelle Verhaltensweisen, eine spezielle Mimik, Gestik, Sprache und Kleidung gehören. Die Erkenntnis kann durch Improvisationen sinnlich erfahrbar gemacht werden, in denen zum Beispiel verschiedene Kundinnen im Kaufhaus dargestellt werden: ängstliche, müde, reiche, schlecht gelaunte, glückliche … Wie unterscheidet sich ihr Gang, ihre Stimme, ihre Haltung, ihre Sprache? Ebenso können Schüler unterschiedliche Personen mit denselben Eigenschaften ausprobieren: nervöse Kinder, nervöse Autofahrer, nervöse Mütter, nervöse Chefs … Auf diese Weise erhalten sie eine sehr konkrete Vorstellung von der Unterschiedlichkeit verschiedener Personen und können sich denjenigen aussuchen, der ihrer Meinung nach am besten zu der Rolle und der Szene paßt. Im zweiten Schritt werden dann verschiedene Eigenschaften zu einer Rolle zusammengefaßt, wie sie in einer Szene vorkommen sollen:

Rolle (in einer Szene):

»König« ängstlich, nervös, vergeßlich
verliebt, traurig

Auch die Interaktionen von gleichen Personen mit unterschiedlichen Eigenschaften kann man in Improvisationen ausprobieren. Wie verhalten sich zwei Diener bei einem ängstlichen oder einem zornigen König? Was passiert, wenn ein nervöser und ein sturer Autofahrer aufeinandertreffen?

So lernen die Schüler bei der Improvisation von Szenen, eine bestimmte Person/Figur durch individuelle Eigenschaften zu einer Rolle zu entwickeln und ihr Einzelheiten der Körpersprache zuzuordnen. Sie bekommen eine wesentlich konkretere Vorstellung der Rolle, und diese erhält mehr Facetten, bleibt nicht so eindimensional. Die Schüler bekommen mehr Sicherheit im Spiel, und die Szenen werden auch farbiger und spannender.

Entwicklung von Szenen und Dialogen

Die Entwicklung eigener Szenen ist für die Schüler eine interessante, wenn auch ungewohnte Aufgabe. Grundsätzlich sind zwei Wege möglich:

- Die Szenen werden aus dem Spiel selbst, also aus szenischen Improvisationen innerhalb eines Unterrichtsprojektes entwickelt.
- Die Schüler schreiben im Fachunterricht Szenen zu einem im Unterricht bearbeiteten Thema.

Unsere Projekte wählten in der Regel den ersten Weg: Wie im vorigen Kapitel beschrieben, bauen sie Szenen langsam aus gemeinsamen Rollenimprovisationen auf. Auch für Lehrer ist das Spiel ohne festen Text ungewohnt und scheint einige Unsicherheitsfaktoren zu bergen: Können die Schüler ohne fertigen Text etwas entwickeln, haben sie genug szenische Phantasie? Nach unseren Erfahrungen sind Schüler durchaus in der Lage, Rollen und Szenen selbständig zu entwickeln, für sie ist es sogar einfacher, neue Szenen zuerst zu spielen, weil die Spontaneität verlorengeht, wenn sie sich an einen Text erinnern müssen. Sie benötigen jedoch Hilfen in Form von Arbeitstechniken, damit sie die Szenen Schritt für Schritt entwickeln und Zwischenergebnisse sichern können (und die Arbeit nicht immer wieder von vorn beginnt). Nach unserer Erfahrung paßt eine Form von schriftlicher Collagentechnik am besten zu diesem Prozeß, weil sie schnelle Korrekturen durch neue Einfälle ermöglicht, gleichzeitig aber den erreichten Stand so fixiert, daß er als Gerüst für die Weiterarbeit dienen kann. Der Text der gespielten Szene muß erst dann vollständig schriftlich fixiert werden, wenn die Szene fertig ist oder die Handlung allmählich zu komplex wird. Dies wird in der Regel aber erst am Ende des Arbeitsprozesses notwendig, meist ist es deutlich zu erkennen, wenn die Schüler ohne fixierten Text nicht mehr weiterkommen.

Da die Ergebnisse des Arbeitsprozesses allen Schülern präsent sein sollen, eignen sich als Schreibmedium Tafeln oder Plakate besser als Hefte. Im vorigen Kapitel wurde gezeigt, wie aus einer bestimmten Person eine Rolle wird: Man ordnet einer Figur bestimmte Eigenschaften und Eigenheiten zu, der ganze Prozeß kann an der Wand/Tafel verfolgt und gestaltet werden. Das Vorgehen bei der Entwicklung von Szenen ist ähnlich. Zu Beginn geht es in den Szenen erst einmal darum, bestimmte Gefühle und Absichten auszudrücken; dies ist auf unterschiedliche Weise möglich, die gesprochenen Worte stellen dabei neben Gestik und Mimik nur einen Teil der Rollen dar. Für die Anfänge der Probenarbeit braucht man zunächst nur eine grob skizzierte Grundsituation, in der Rollen mit bestimmten Stimmungen und Absichten auftreten. Als Grundidee für eine Szene wird eine Situation ausgesucht, die zu dem jeweiligen (Unterrichts-) Thema paßt. Diese Situationen können gemeinsam von der Klasse entwickelt oder auch – je nach Komplexität des Themas – als Idee vom Lehrer vorgegeben werden. Hilfreich ist es, wenn die Rollen schon vorher skizziert wurden. Szenisch spannend wird es natürlich immer dann, wenn die Situationen Konflikte enthalten. Beim Thema »Freizeit« konstruieren zum Beispiel die Schüler aus ihrer Erfahrung folgende Szenenidee: Zwei Jungen spielen auf dem Rasen vor dem Mietshaus Fußball und stören dabei eine ältere Nachbarin. Diese Grundsituation wird durch das improvisierende Spiel weiter entwickelt und ausdifferenziert.

Für die szenische Arbeit bieten sich zwei Alternativen an, die beide zu einem ähnlichen Ergebnis führen: Entweder werden die Schüler durch die Idee so animiert, daß sie die Szene sofort spielen wollen, oder man sammelt erst einmal Vorschläge, wie sich eine solche Situation entwickeln könnte.

Die erste Möglichkeit bietet sofort bildliches Anschauungsmaterial: Man kann die Szenen ansehen und besprechen, ob das Verhalten der Personen realistisch war, ob ein neuer Schluß gefunden werden sollte oder der Konflikt sich auch noch anders entwickeln könnte. Diese Besprechungen sind für Schüler als Rückmeldung auf ihre Ideen wichtig, sollten jedoch behutsam geschehen, da natürlich das Spiel in der ersten Improvisation nicht so ausgereift sein kann. Dennoch kann man die Schüler an Kritik von unlogischen Zusammenhängen und für Zuschauer nicht plausible Abläufe gewöhnen. Dann kann man den Ablauf der Szene noch einmal ausprobieren und ihn anschließend skizzenartig festhalten, wobei vor allem die Gefühle und Absichten der Personen deutlich werden:

> Zwei Jungen sind fröhlich und spielen laut – Oma ist sauer und schimpft – Jungen spielen weiter – Oma holt den Hausmeister – Hausmeister will die Jungen verjagen – Jungen verteidigen sich mit der Hausordnung …

Wenn man die Szene zuerst im Gespräch entwickelt, kann man ähnlich vorgehen: Man überlegt gemeinsam, an welchem Ort das Geschehen spielt, welcher Konflikt sich entwickelt, welche Personen mitspielen und wie sie aufeinander reagieren. Diese Vorschläge werden – ähnlich wie oben – skizzenartig festgehalten. Danach wird die Szene probeweise angespielt und besprochen. Die

Handlungsskizze wird jetzt geändert, falls die Handlung nicht realistisch genug erscheint (die neu hinzugefügten Teile sind fettgedruckt):

… Zwei Jungen sind fröhlich und spielen laut. **Einer schießt den Ball gegen ein Fenster** – Oma **reißt das Fenster auf**, ist sauer und schimpft …

Das Gerüst der Handlung ist jetzt sowohl durch das Spiel wie auch in der Schriftform skizzenartig fixiert. Je nach Art der Szenen kann man nun weiterarbeiten: So können die Rollen weiter vertieft und entwickelt werden, oder es werden verschiedene Lösungsmöglichkeiten des Konfliktes ausprobiert. Diese Weiterarbeit kann auf der Basis der entwickelten Szenenidee auch in Gruppen erfolgen. Während dieser Arbeit wird dann am Ausdruck und an sprachlichen Formulierungen gearbeitet, um Unterschiede zwischen einzelnen Charakteren deutlich zu machen: Auf diese Weise erweitert sich auch der szenische Apparat, werden die Anweisungen an die Spieler immer komplexer.

Aus dem vorhandenen Material läßt sich dann relativ einfach ein fertiges Drehbuch gestalten: Während der Proben haben die Spieler ja schon immer Rollentext gesprochen. Meistens setzt sich dabei schon ein Textgerüst fest und wird in der Wiederholung leicht variiert und der Situation angepaßt. Nun setzt man die Dialoge zwischen die Handlungsskizze und kann sich dabei an den tatsächlich gesprochenen Dialogen orientieren (dazu läßt sich das Handlungsgerüst auf Papier leicht auseinander schneiden). Auch läßt sich die Handlung jetzt noch genauer beschreiben:

Zwei Jungen sind fröhlich und spielen laut: **»He, schieß mal rüber! Nicht so lahm! Knall mal richtig drauf!«** Einer schießt den Ball gegen ein Fenster: **»Mist!«** Oma reißt das Fenster auf, ist sauer und schimpft: **»Könnt ihr nicht mal leiser sein, ihr Bengels? Jetzt habt ihr mir fast die Scheibe zertrümmert.«** – Jungen spielen weiter: **»Ach Oma, ist doch nichts passiert. Außerdem dürfen wir hier nachmittags spielen. Das hat meine Mutter auch gesagt!«** – Oma **geht ans Telefon und** holt den Hausmeister: **»Herr Krüger, kommen sie sofort her. Diese verdammten Bengels von nebenan spielen schon wieder unter meinem Fenster und und haben mir fast die Scheibe kaputtgemacht!«** Hausmeister **kommt auf den Rasen und** will die Jungen verjagen: **»Macht, daß ihr hier wegkommt! Ihr habt auf dem Rasen nichts zu suchen, ihr Bengels!«** Die Jungens verteidigen sich mit der Hausordnung: **»In der Hausordnung steht aber, daß wir nach 15.00 Uhr auf dem Rasen spielen dürfen, Herr Krüger!«** …

Diese collagenartige Erarbeitung von einzelnen Teilen der Handlung und der Dialoge erlaubt eine leichte Korrektur jeder Einzelheit, weil die Szene erst am

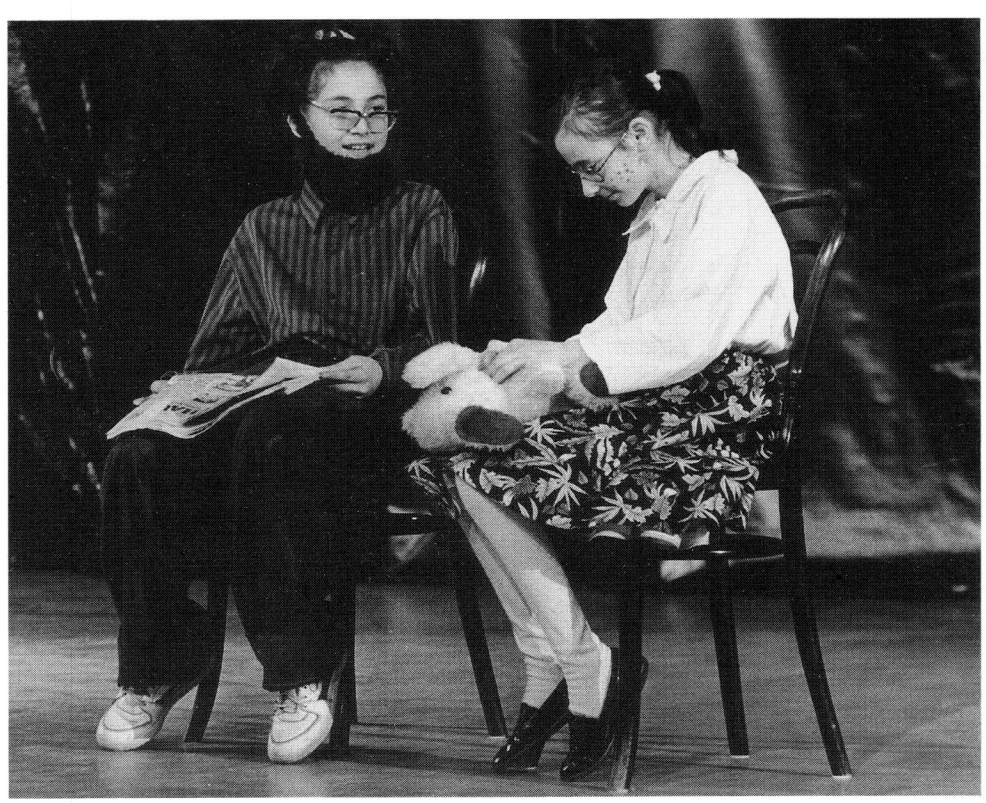

Schluß in die endgültige Schriftform gebracht wird. Diese Arbeitsweise entspricht der Arbeitsform des Szenischen Lernens und hält den Lernprozeß für Anregungen und Veränderungen offen, ohne ihn beliebig werden zu lassen, weil der erreichte Stand für die Schüler an jedem Punkt des Lernprozesses fixiert ist.

Falls sich aus unterrichtspraktischen Zwängen die Notwendigkeit ergibt, die Szenen vor dem Spiel nicht improvisatorisch, sondern als reinen Text im Fachunterricht zu entwickeln, sollte man erst den reinen Handlungsablauf aufschreiben und diesen anschließend dialogisieren, indem man den gesprochenen Text als wörtliche Rede in den Handlungsablauf einfügt. Eventuell können auch Regieanweisungen oder Vorschläge zum Bühnenbild ergänzt werden. Teilweise können Überlegungen aus vorherigen Improvisationen in die Szenenideen hereingenommen werden. Dennoch bleibt ein grundsätzliches Problem dieses Verfahrens, daß die Schülerinnen beim Schreiben oft keine rechte Vorstellung von der eigentlichen Szene, dem realen Ablauf auf der Bühne haben und den geschriebenen Text in der Spielsituation oft mehr oder weniger »aufsagen«: Das eigentliche, körperbetonte Spiel mit Mimik, Körpersprache und Gesten, das die Szenen erst interessant macht, tritt zugunsten eines auswendig gelernten Textes zurück. Diese Methode eignet sich daher eher für ältere oder theatererfahrene SchülerInnen, weil sie schon Erfahrung darin haben, zum Text die Körpersprache zu ergänzen.

Betreuung der Schüler bei der Probenarbeit

Wenn die einzelnen Rollen und der Szenenablauf fixiert worden sind, kann an der Darstellung selber gearbeitet werden, damit die Szenen so interessant und überzeugend wie möglich werden. In jedem Projekt fällt nun die Entscheidung, ob und in welcher Form man die Szenen vor anderen Zuschauern darstellen will, ob man aus mehreren Szenen ein Stück entwickelt oder eine lose Szenenabfolge präsentiert. Zur Einstimmung auf die folgende Arbeitsphase ist es sinnvoll, den momentanen Stand der Arbeit darzustellen, damit jedem Schüler klar ist, was schon geleistet wurde und was noch erarbeitet werden muß. Daran kann sich die Feststellung eines Zeitplans für die weiteren Proben, Beschaffung notwendiger Requisiten und der Bühnengestaltung anschließen.

Im weiteren sollen einige generelle Probleme der Probenarbeit erwähnt werden und Hilfestellungen, die Lehrer bei solchen Problemen leisten können. Grundsätzlich bedeutet die Arbeit auf einer noch so kleinen Bühne für die Schüler Herausforderung und Streß, weil sie sich vor anderen darstellen müssen. Der Spielleiter sollte die Probenarbeit so gestalten, daß äußere Ablenkungen und Unsicherheitsfaktoren soweit wie möglich reduziert werden, damit die Schüler sich auf die Arbeit in der Szene konzentrieren können. Dabei hilft eine gewisse Ritualisierung der Probenarbeit: Um die Konzentration der Spieler zu fördern, sollte man zu Beginn jeder Probe mit ein oder zwei kurzen Übungen aus dem Katalog im Kapitel »Spiele und Übungen ...« (S. 73ff.) anfangen. Das lockert die Schüler und trainiert die Darstellung bestimmter Gefühle und Rollen.

Der erste Durchlauf einer Szene während der Proben kann sehr steif und trocken sein, da sich die Schüler erst warmspielen und an den Ablauf der Szene und ihre Bewegungen etc. erinnern müssen. Man kann das dazu nutzen, nochmal den Ablauf und die Details einer Szene zu klären. Ebenso sollte festgestellt werden, wie gut die Schauspieler ihren Text können bzw. wissen, was sie zu sagen haben. Ohne ein gewisses Maß an Textsicherheit in der Rolle sind Proben kaum sinnvoll. Es kann bei der Probenarbeit auch passieren, daß Spieler, die ihren Text gut beherrschten, plötzlich unsicher werden. Diese Unsicherheit hat ihre Ursache darin, daß immer mehr Tätigkeiten auf der Bühne hinzukommen, wenn die Szene dichter wird: Man muß sich bewegen und auf die anderen Spieler achten. Sie legt sich jedoch, wenn eine Szene öfter gespielt wird und kann bis dahin durch einen Souffleur als Stichwortgeber aufgefangen werden.

Der erste Durchlauf einer Szene wird auch dazu genutzt, Auf- und Abgänge zu klären wie auch Abläufe auf der Bühne selbst: An welcher Stelle betritt ein Schauspieler die Bühne, wann verläßt er sie wieder, welches Stichwort muß er sich merken? Wann nimmt jemand ein Glas Wasser und wann kippt er es seinem Widersacher ins Gesicht? Besonders schwierige Details und Abläufe (etwa ein scheinbarer Schlag ins Gesicht) werden isoliert geprobt, bis sie »sitzen«. Die Klärung grundsätzlicher Abläufe ist wichtig, denn sie gibt den Spielern die Sicherheit, sich auf ihre Rolle auf der Bühne konzentrieren zu können. Damit eine Szene überzeugend und glaubhaft wirkt, ist eine gewisse Wahrhaftigkeit des Ausdrucks bei den Spielern notwendig. Daher sollte jede Rolle Emotionen bekommen, die sprachlich und körperlich sichtbar werden. Die Lockerungs- und Sensibilisierungsübungen zu Beginn jeder Probe erleichtern den Schülern das Darstellen solcher Emotionen wie Angst, Wut, Vorsicht, Freude oder Trauer. Man sollte sie geradezu ermuntern, solche Gefühle zu zeigen – so entsteht eine angstfreie Probenatmosphäre, in der sich die Schüler auch etwas zutrauen.

Als Warm-ups können kurze Vorübungen gemacht werden, in denen die gewünschten Emotionen besonders geübt und hervorgehoben werden. So spielt zum Beispiel ein Schüler eine Szene, in der er die angstvollen Minuten vor der Bekanntgabe einer wichtigen Zensur darstellt. Frei von Text und anderen Zwängen kann er sich auf das Gefühl »Angst« konzentrieren. Die in der Darstellung des Gefühls »Angst« gemachten Erfahrungen kann er nun in die eigentliche Szene einbringen, wo er vielleicht die Angst eines Mannes vor einem Heiratsantrag spielen muß.

Für die glaubhafte Darstellung von Emotionen ist es wichtig herauszufinden, warum eine Figur so und nicht anders handelt, ihre innere Logik darzustellen. Begründungen werden durch die Erarbeitung der Rolle im Kapitel »Vorbereitung einzelner Rollen« (S. 25ff.) schon gegeben. Welche Vorgeschichte hat die Figur? Warum ist sie in dieser Situation? Warum handelt sie so in dieser Situation? Die spielenden Schüler sollten während der Probe an den Kontext der Figur, ihre Vorgeschichte erinnert werden, damit ihr Spiel glaubhaft wird. Wichtige Hinweise bietet hier der sogenannte »Subtext«, der Text zwischen den Zeilen: So kann man hinterfragen, warum ein armer Schlucker einer reichen Frau einen Antrag macht. Liebt er sie wirklich oder will er nur ihr Geld?

Man kann immer wieder beobachten, daß die Spieler Handlungen und Abläufe auf der Bühne nicht wirklich ausführen, sie tun nur so »als ob«. Wenn aber auf der Bühne jemand am Weglaufen gehindert werden soll, so sieht das lächerlich aus, wenn man nur so tut »als ob« und ihn nicht wirklich am Weglaufen hindert. Bei solchen Abläufen ist es wichtig, die Handlungen wirklich auszuführen, mit dem Einsatz von Körperkraft und realen Handgriffen den Mitspieler ernsthaft am Weglaufen zu hindern (natürlich ohne daß er verletzt wird). Die Authentizität einer Szene hängt sehr stark davon ab, wie glaubwürdig gerade solche Abläufe durchgeführt werden.

Eine große Hilfe sind auch Requisiten und Kostüme, um eine Figur auf der Bühne lebendig werden zu lassen. Auch mit wenig Aufwand ist es für den Schauspieler einfacher, sich in eine Rolle hineinzuversetzen und sie dem Zuschauer plausibel zu machen, wenn etwa ein Bettler alte Lumpen und Schuhe trägt oder eine Königin eine Krone.

Die Spieler müssen, wenn sie eine Bühne betreten, eine große Hemmschwelle überwinden. Man sollte sie daher möglichst früh mit dem späteren Spielort vertraut machen, falls eine größere Aufführung geplant ist, damit sie sich an die räumlichen und akustischen Verhältnisse gewöhnen können. Das betrifft auch die deutliche Aussprache während des Spiels. Viele Schüler haben Schwierigkeiten, laut und deutlich über einen längeren Zeitraum zu sprechen, weil das selten von ihnen verlangt wird. Neben speziellen Übungen zum Sprechtraining (vgl. das Kapitel »Spiele und Übungen ...«, S. 73ff.) sollte man sie von Beginn der Proben an zu lautem und verständlichem Sprechen anhalten, ohne daß dies gestelzt und unnatürlich wirkt. In diesem Zusammenhang sollten sich die Schüler auch nie mit dem Rücken zum Publikum aufstellen. Damit solche grundsätzlichen Bühnenregeln vertraut werden, kann man ein großes Schild (Laut sprechen! Nicht mit dem Rücken zum Publikum!) als Erinnerungshilfe neben die Bühne hängen.

Zum Schluß eine Anmerkung zum Übungsrhythmus: Jede Szene läßt sich in beliebig viele Einzelelemente zerlegen. Natürlich ist es hilfreich, die Segmente einer Szene einzeln zu proben, weil das die Spieler sicherer macht. Man sollte jedoch die Wiederholung kleinerer Segmente nicht überstrapazieren, denn wenn sich die lockere Präsentation eines Satzes auch nach der sechsten Wiederholung nicht einstellt, ist es unwahrscheinlich, daß es nach der fünfzehnten gelingt. In einem solchen Fall kann es effektiver sein, die Rolle noch einmal in Ruhe zu besprechen und im Zusammenhang mit den Mitspielern zu proben. Manchmal hilft es auch, die Szene abzubrechen und am nächsten Tag zu proben, oft verschwinden die Probleme durch den zeitlichen Abstand, weil sich Verkrampfungen auflösen. Nie sollte man versuchen, etwas mit Druck zu erreichen, weil das die Spieler eher blockiert als anspornt. Statt dessen sollte man eher betonen, wenn etwas gut geklappt hat, weil Lob viele Verspannungen und Hemmungen lösen hilft.

Theaterarbeit
unter den Praxisbedingungen der Schule

Szenisches Lernen ist Unterricht, aber in anderer Form. Dies bedeutet für Lehrer, bei der Planung von Lernprozessen umzudenken. Der Ablauf des Frontalunterrichts, seine erwünschten und unerwünschten Wirkungen und Störfaktoren sind vertraut und werden eher beiläufig aufgenommen. Neue Unterrichtsformen sind auch und vor allem in den Einzelheiten des Ablaufs anders: Sie schaffen den Schülern mehr Raum für konkrete und eigenverantwortliche Tätigkeiten, die in den vertrauten Formen wie der schlichten Sitzordnung des Frontalunterrichtes nicht durchzuführen sind. Das schafft neue und unbekannte Aktionsabläufe im Unterricht, die für Lehrer und Schüler verwirrend sein können. Praktische Lernprozesse sind breiter und vielfältiger angelegt als traditioneller Unterricht, sie erfordern daher einen veränderten Disziplin- und Verhaltensrahmen.

So können durch den Wechsel des Raumes und die ungewohnte Form des Lernstoffes anfangs Irritationen auftreten. Die Schüler in unseren Projekten wußten zum Beispiel teilweise nicht, ob es sich nun um Unterricht oder Spiel handelt, dadurch entstanden Verhaltensunsicherheiten. Wichtig ist daher die Reflexion der Arbeits- und Verhaltensformen, da fortwährende Diskussionen um angemessene Verhaltensformen zuviel Kraft von der eigentlichen Arbeit abziehen. Den Schülern sollte von Beginn an einsichtig sein, daß es sich nicht um Spielstunden, sondern um Lernen in anderer Form handelt. Es müssen daher neue Formen und Rituale gefunden werden, die dieser Art des Unterrichts besser entsprechen.

Szenisches Spiel bedeutet eine langfristige Änderung des eigenen Unterrichts, daher sollten die geplanten Unterrichtssituationen gründlich für die eigene Lerngruppe durchdacht werden, um Lehrer und Schüler vor Überforderung zu schützen und in den Projekten vernünftig arbeiten zu können. Es ist sinnvoll, in der Anfangsphase Verhaltensformen und -rituale einzuführen, die zu einer allen einsichtigen Arbeitsstruktur führen, damit Szenisches Lernen in Gruppen mit Klassenstärke produktiv und sinnvoll ist. Dabei wird auch die Lehrerrolle in der Unterrichtssituation neu definiert, man kann nur teilweise auf erworbenes Wissen und Routine zurückgreifen. Die auf diese Weise neu erworbenen Fähigkeiten einer anderen Unterrichtsplanung können jedoch auch in anderen schulischen Situationen eingesetzt werden und führen zu einer neuen Sicht von Lernprozessen. Als Anregung sollen im folgenden alltagserprobte Erfahrungen geschildert werden.

Wir haben im Laufe der Zeit für alle Projektgruppen feste Rituale eingeführt, um die Arbeit für Schüler und Lehrer zu erleichtern. Die Rituale orientieren sich an den Situationen, die in den Projekten entstehen, so gibt es trotz vielfältiger Betätigungsformen immer eine feste Arbeitsstruktur. Als immer wiederkehrende Grundformen kristallisierten sich heraus:

Gemeinsame Besprechung oder Erarbeitung
wenn Planungsgespräche stattfinden oder elementare Grundlagen einer Szene/Figur besprochen werden

Einzel-, Paar- oder Gruppenarbeit
wenn schriftliche oder spielerische Arbeiten zu einzelnen Rollen oder Szenen gemacht werden

Spielen und Zuschauen
wenn Produkte vor der Klasse (oder vor anderen) vorgeführt und begutachtet werden.

So eignet sich der Sitzkreis als Besprechungsforum zu Beginn und in Zwischenphasen, in dem die Vorhaben des jeweiligen Tages besprochen und ausgewertet werden. Hier können auch die Elemente der einzelnen Rollen und Szenen entwickelt und auf Skizzen festgehalten werden. Auf diese Weise wird der Zusammenhang mit dem Fachstoff hergestellt und der Stand des Arbeitsprozesses mit den Schülern besprochen. Hier können auch Beispiele für einzelne Rollen vor der ganzen Gruppe diskutiert oder Spiele und Übungen exemplarisch vorgestellt werden.

In Formen Praktischen Lernens hat Gruppenarbeit eine große Bedeutung. Da sie aber im traditionellen Unterricht wenig geübt wird, ist sie den Schülern als Arbeitsform kaum vertraut: Viele Schüler verhalten sich in der Gruppe nicht produktiv, sondern wollen ausschließlich ihre eigenen Ideen durchsetzen, es kommt zu Streit, die Gruppe hat kein Arbeitsergebnis. Gruppenarbeit sollte daher sorgfältig strukturiert und gemeinsam geübt werden: Die Arbeitsaufträge an die Gruppen müssen anfangs klein und übersichtlich sein, damit die Gruppen auch ihre Arbeitsweise definieren können. So sollte man von Beginn an festlegen, daß auch in den Gruppen erst einmal das gemeinsame Vorgehen besprochen wird, bevor man zu arbeiten/spielen beginnt. Später können dann, wenn sich die Gruppenrituale eingespielt haben, auch komplexere Aufgaben vergeben werden. In Gruppenarbeitsphasen müssen sich die Schüler über den Raum verteilen, damit sie sich nicht gegenseitig bei der Arbeit stören. Die Arbeitsaufträge für die Gruppen dürfen nicht zu schwer sein und sollten im gemeinsamen Gespräch vorbereitet werden. Oft können die Schüler mit Aufträgen wie »Entwickelt eine Szene zum Thema Mittelalter« wenig anfangen, weil die Anforderung zu komplex ist. Hier müssen gemeinsame Zwischenschritte eingebaut werden: Zum Beispiel werden bestimmte Arbeitsaufträge vergeben, die eine Szene langsam vorbereiten.

Wenn Szenen vorgespielt werden, sitzen alle Schüler, die das Publikum bilden, auf festgelegten Plätzen, der »Zuschauerbank«. Diese Bank kann auch eine Linie auf dem Boden sein, wesentlich ist nur, daß das Publikum immer denselben Platz einnimmt. (Durch Klebeband lassen sich in allen Räumen leicht Bereiche wie »Zuschauerbank« oder »Bühne« markieren).

Auch wird von Beginn an das Verhalten des Publikums trainiert, da dies für viele Schüler ungewohnt ist: Während der Vorführung (und sei sie noch so unbeholfen) herrscht ruhige Aufmerksamkeit, und den Zuschauern sollte bald durch die eigene Erfahrung deutlich werden, daß das Publikum wesentlich dazu beiträgt, eine produktive Spielatmosphäre während einer Aufführung zu schaffen: Die Spieler merken sofort, ob sich die Zuschauer wirklich auf das Spiel einlassen oder eher durch Zwischenrufe stören und so auch die Spielkonzentration gefährden. Diese Aufmerksamkeit gilt für kurze und lange, schlechte und gute Szenen gleichermaßen. Anschließend wird das Vorgeführte gemeinsam ausgewertet und besprochen, an dieser Stelle kann auch detaillierte Kritik an einzelnen Elementen der Aufführung geübt werden. Diese Besprechungen sind für die Schüler als Rückmeldung sehr wichtig, daher sollte das Formulieren von sachgerechter Kritik regelrecht geübt und ritualisiert werden.

Um Streit um die Reihenfolge des Spielens zu vermeiden, wird diese durch ein Verfahren festgelegt: Die Gruppen erhalten Kärtchen mit Nummern, ein Schüler zieht aus den verdeckten Karten die Reihenfolge der Gruppen. Störungen des Spiels und der Arbeit insgesamt sollte man klar und konsequent unterbinden. Es wird immer wieder Schüler geben, die an einem Tag mal keine Lust haben; diese können mit anderen Arbeiten, die auch zum Projekt passen, betraut werden.

Die passende Lernumgebung fördert die Arbeit: Die Theaterarbeit sollte nur dann im Klassenraum stattfinden, wenn kein anderer Raum zur Verfügung steht, denn man braucht mehr Platz als im Frontalunterricht (notfalls geht es auch im Klassenraum, doch dann müssen Möbel umgeräumt werden). Besser geeignet sind Räume, die etwas größer sind, etwa die Aula, der Musikraum oder auch eine Turnhalle oder ein Gymnastikraum. Der Raumwechsel ist nicht nur wegen des größeren Platzbedarfs sinnvoll, sondern er ermöglicht auch eine andere Atmosphäre, die eher zum Spielen animiert als ein Klassenzimmer. Besonders geeignet sind natürlich Räume, die eine Bühne oder sogar eine Lichtanlage besitzen.

Für das Szenische Spiel sollten möglichst Doppelstunden zur Verfügung stehen (wir haben auch mit dreistündigen Blöcken gute Erfahrungen gemacht), weil normale Schulstunden mit Aufwärmphase etc. bisweilen zu kurz sind. Die einzelnen Projekte umfassen meist einen längeren Zeitraum von sechs bis zehn Wochen, das hängt auch vom Thema ab.

Für den Anfang sind auch kürzere Spielsequenzen von einigen Stunden zum »Eingewöhnen« denkbar. Da der Schwerpunkt der Arbeit in kurzen Szenen besteht, in denen Fachinhalte thematisiert werden, sind keine aufwendigen Kostüme und Bühnenbilder notwendig, die Ausstattung kommt mit minimalem Aufwand aus. Es ist für eine langfristige Arbeitsperspektive jedoch sinnvoll, sich einen kleinen Fundus mit einfachen Gegenständen, wie Brillen, Hüten etc. anzulegen, weil die Schüler oft schon mit kleinen Requisiten leichter in ihre Rolle finden.

Unterricht in anderer Form kann sich auf Dauer nicht vom Leistungsaspekt der Schule suspendieren. Wenn man in kürzeren Projekten die Frage der Benotung noch umgehen kann, so stellt sich bei länger dauernden Unterrichtsprojekten im Fach irgendwann die Frage, wie die Leistungen der Schüler bewertet werden. Dabei kann man grundsätzlich davon ausgehen, daß schauspielerische Leistungen in den Projekten nie benotet werden sollten, das würde den Spaß am Spiel behindern, und es fehlt Schülern und Lehrern die Erfahrung und Ausbildung. Doch gibt es eine Menge anderer Aspekte, die sich zur Leistungsbewertung durchaus anbieten:

- Erarbeitung von fachunterrichtlichen Zusammenhängen
- Ausarbeitung zu einzelnen Rollen (als Beschreibung oder Zeichnung)
- Dialogisierung von Szenen
- Engagement in der Gruppenarbeit
- schriftliche Vorbereitungsarbeiten
- Mithilfe bei der Vorbereitung der Aufführung …

Die Lehrer lernten in den Projekten des »Szenischen Lernens«, daß eine klare Arbeitsstruktur gemeinsam mit motivierenden Lerninhalten einen organischeren Unterrichtsrhythmus schafft und disziplinarische Maßnahmen stark reduziert. Die Schüler lernten, daß die Arbeit im Projekt interessant, aber nicht beliebig ist und daß in der Arbeit der Gruppe alle aufeinander angewiesen sind. Das bleibt nicht ohne Folgen für den Schulalltag, denn die hier gemeinsam entwickelten Lernformen sind Anstoß, über die vertraute Praxis nachzudenken, z.B. im normalen Unterricht Rituale des »Szenischen Lernens« zu verwenden und der Gruppenarbeit einen anderen Stellenwert einzuräumen. Wenn diese Formen den Schülern vertraut sind, ist es auch möglich, im normalen Unterricht an passender Stelle »spontan« und ohne organisatorisches Chaos eine kurze Spielsequenz einzubauen.

Zusammenfassend lassen sich sechs Regeln formulieren, die beachtet werden sollten, um Überforderungen von Schülern und Lehrern zu vermeiden:

1) Der Anfang wird am besten mit kleinen, überschaubaren Projekten gemacht, um sich in Ruhe an die neue Lernform zu gewöhnen.

2) Die neue Lernsituation muß in ihren Einzelheiten (Räume, notwendige Medien und Gesamtablauf, vorher durchdacht werden, um in der Situation auf mögliche Probleme besser reagieren zu können.

3) Man kann vor den Schülern ruhig zugeben, daß man in dieser Art des Lernens noch nicht so erfahren ist und gemeinsam neue Wege finden will.

4) Man sollte jedoch von Beginn an auf klaren Verhaltensritualen bestehen, um allzu große Unübersichtlichkeit in der neuen Situation zu vermeiden.

5) Die Schüler brauchen Zeit, um sich auf neue Unterrichtsformen wie etwa Gruppenarbeit einzustellen.

6) Man sollte die Schüler nicht überfordern, indem man zu komplexe Arbeitsaufträge verteilt oder Probleme, die man selbst nicht lösen kann, einfach als Arbeitsauftrag an sie weitergibt.

Szenische Projekte im Fachunterricht

Im folgenden Kapitel stellen wir einzelne Projekte des Szenischen Lernens vor, die schon mehrfach durchgeführt und nach diesen praktischen Erfahrungen überarbeitet und generalisiert wurden. Die Projektbeschreibungen enthalten jeweils

- Angaben über Fächer, in denen das Projekt durchgeführt werden kann, und den Zusammenhang zum Fachunterricht
- Empfehlungen für die Alterstufe, für die das Projekt besonders geeignet ist
- Hilfestellungen für Lehrer in den einzelnen Phasen des jeweiligen Projektes.

Die einzelnen Projekte sind in »Einheiten« aufgeteilt, die je nach Lerngruppe und Thema drei bis fünf Unterrichtsstunden umfassen. In der Regel werden die Einheiten, die bestimmte Abschnitte der Arbeit kennzeichnen, hintereinander durchgeführt. Wie fachunterrichtliche Themen und Szenisches Spiel im einzelnen miteinander verzahnt werden, kann jedoch variieren. Da Szenisches Lernen einen Bezug zum Fachunterricht herstellen will, ist es durchaus möglich, daß die Einheiten durch Fachunterricht zum Thema zeitlich unterbrochen werden. So kann man die Improvisationen und Szenen im Fachunterricht inhaltlich aufgreifen, kann weitergehende Informationen erarbeiten oder Fragen klären, die während des Spiels entstanden sind. Damit sich Spiel und Unterricht verzahnen, sollten die erarbeiteten Ergebnisse auf Plakaten oder in anderer Form gesichert werden. Empfehlungen dazu finden sich ebenfalls in den einzelnen Projekten. Es ist jedoch auch möglich, daß ein Thema erst im Fachunterricht angesprochen und dann im Spiel konkretisiert wird. Die einzelnen Projektbeschreibungen geben auch hier Empfehlungen für den geeigneten Zugang.

Die erste Einheit bildet immer der »Einstieg«, eine Phase, in der sich Darstellungs- und Ausdrucksübungen mit einer inhaltlichen Strukturierung des Themas verbinden. Die Spiele und Übungen, die die Schüler auf das Szenische Spiel vorbereiten sollen, wurden jeweils passend zum Thema ausgesucht und können durch weitere Spiele aus dem Kapitel »Spiele und Übungen ...« (S. 73ff.) ergänzt werden. Man sollte in dieser Phase darauf achten, daß die Schüler schon erste Anregungen für die spätere Erstellung von Szenen erhalten. Hinweise dafür finden sich ebenfalls in den Projektbeschreibungen.

»Phantasiegeschichten«

Bezug zum Fachunterricht: Phantasie braucht Bilder. Wer sich Geschichten ausdenkt, hat Vorstellungen von besonderen Orten, merkwürdigen Personen, interessanten Vorgängen und anderen Details im Kopf. Schüler, die Geschichten schreiben, gehen auch diesen Weg: Sie stellen sich Bilder vor, aus denen sie ihre Geschichten entwickeln. Nur sind es heute natürlich oft einprägsame und starke Bilder aus Medien wie Video und Fernsehen, die die Kinder tief beeindrucken und prägen. Da diese Bilder die Phantasie okkupieren, werden in den Geschichten Medienerscheinungen ohne roten Faden aneinandergereiht. Es entsteht eine additive Bilderflut, aber nicht unbedingt eine Geschichte mit innerer Logik und Spannung: Medienmonster tauchen auf und werden von anderen Medienmonstern wieder vertrieben; wenn die Logik zu abstrus wird, wird schnell irgendein technischer Effekt erfunden, nach einer inneren Handlungslogik darf man da nicht fragen: Die Kinder ahmen das Medium nach, aber als schlechte Kopie, weil sie seine Gesetze nicht beherrschen.

Wie kann man Schülern helfen, eigene Bilderwelten gegen die starken Medieneindrücke zu setzen, selber eine Handlung aus kleinen Details mit innerer Dynamik und Spannung zu entwickeln, so daß daraus eine richtige Geschichte wird? Das Projekt »Phantasiegeschichten« wählt den Ansatz der »Spannung im Alltag«: Die Schüler sollen lernen, in begrenzten, alltäglichen Orten und Räumen und mit einem festgelegten Inventar phantastische Welten entstehen zu lassen. Fühlen sie sich in diesem Metier sicher, kann man auch andere phantastischere Umfelder als Szenario wählen. Das Projekt steht in Verbindung mit Text- und Schreibarbeit im Deutschunterricht, die szenischen Anteile sind nach unserer Erfahrung sehr gut geeignet, im 5. und 6. Jahrgang eine Reihe »Erzählen« oder »Phantasiegeschichten« zu eröffnen, bevor die Schüler eigene Texte schreiben. In reduzierter Form kann das Projekt auch in fremdsprachlichen Fächern eingesetzt werden.

Einstieg: Um das Aufbrechen von Realität durch Phantasie vorzubereiten, können Spiele und Übungen bestimmte Wahrnehmungsweisen trainieren: Im Spiel können etwa Gegenstände »lebendig« werden, indem sich die Schüler in einen Gegenstand verwandeln oder ihm eine »körperlose« Stimme leihen, die scheinbar aus dem Gegenstand kommt. So lernen die Schüler, leblose Gegenstände darzustellen und ihre Stimme zu trainieren. Für den ersten Aspekt eignen sich Spiele, die sich mit pantomimischer Darstellung von Gegenständen beschäftigen, etwa »Die Maschine« (im Kapitel »Spiele und Übungen …« unter der Nummer 4.1), »Spiegelbilder« (4.12), »Statuen bauen« (2.3) oder »Bilder stellen« (2.1). Zum Aufwärmen eignen sich die verschiedenen Balanceübungen (4.3 bis 4.5). Die Sprachübungen werden angeleitet durch »Grommolo« (6.5) und »Strumpf« (3.4), die ganz allgemein Lautstärke und Aussprache stärken. Im weiteren kann man dann Übungen probieren, die auf die »Vertonung« von Gegenständen hinführen, etwa die »Kleine Stimme« (3.5) und vor allem »Kleider- Ich« (5.2), in der man ein Kleidungsstück seine eigene Geschichte erzählen läßt.

2. Einheit: Durch diese Übungen haben die Schüler praktisch erfahren, wie man die Grenzen der Realität überschreiten kann. Im nächsten Schritt wird die Erarbeitung von Szenen vorbereitet. Man sammelt zuerst Material, aus dem später die Szenen entwickelt werden können. Dazu können die Schüler sich erst einmal klarmachen/auflisten, welche Gegenstände sich im Raum befinden oder welche sie für ihr Spiel noch verwenden wollen. Nun wählt man einen Gegenstand aus und überlegt, was mit ihm außerhalb seiner »normalen« Funktion alles geschehen könnte: Ein Schrank berichtet, daß es langweilig ist, immer in einer Ecke zu stehen und daß er sich heimlich gerne mal an eine andere Wand stellen würde oder die Menschen mit einer Stimme erschrecken möchte. Ein Handtuch erzählt, daß ihm diese ewigen Wechsel von naß und trocken überhaupt nicht bekommen und daß es sich manchmal regelrecht vor der Haut, mit der es in Berührung kommt, ekelt, vor allem dann, wenn die Leute sich nicht richtig waschen, sondern den Schmutz mit dem Handtuch wegwischen. Das läßt sich erweitern: Wie reagieren etwa menschliche Personen, wenn sie zufällig die redenden Gegenstände belauschen? Die Einzelheiten dieser Berichte und Reaktionen können zur Erinnerung stichwortartig oder auch als Zeichnung festgehalten werden.

3. Einheit: Ist das Modell exemplarisch mit der ganzen Gruppe durchgespielt, kann man nun zu regelrechten Szenen übergehen: Einzelne Schülergruppen suchen sich Gegenstände und Personen aus, aus denen Konflikte und Handlungen entwickelt werden können: Ein Spiegel in einem Schrank wird lebendig und »verschluckt« alle, die sich in ihm spiegeln. Oder: Teller und Tassen in einem Küchenschrank beobachten einen hilflosen Junggesellen bei der Hausarbeit und beschließen, ihm zu helfen. Oder: Eine Zange und ein Schraubenzieher unterhalten sich darüber, wer als nächster dem Hausherrn bei seinen Bastelarbeiten helfen muß und was sie von dessen ungeschickter Arbeit halten.

4. Einheit: Aus diesen Vorbereitungen heraus legen sich die einzelnen Gruppen auf eine Szenenkonstellation fest und fixieren und proben sie. Dabei können sie auf die Notizen zurückgreifen, die während der Vorbereitungen auf der Tafel oder einem Plakat festgehalten wurden. Das Thema erfordert Phantasie auch bei der Szenengestaltung, da es nicht einfach ist, das »Leben« eigentlich lebloser Gegenstände darzustellen. Erleichtert wird das szenische Arrangement, wenn die Gegenstände mit Menschen konfrontiert werden. Während der Proben besteht die Hilfestellung des Lehrers vor allem darin, den jeweiligen Schwerpunkt der Szene zu verdeutlichen: Wird die Unterhaltung zweier Werkzeuge dargestellt, so müssen diese gut sichtbar sein und ihre »Stimmen« verborgen, aber gut hörbar sein, damit der beabsichtigte Effekt eintritt. Die Szene mit dem Spiegel erfordert eher ein Training vor dem Spiegel: Zwei Schüler üben spiegelverkehrt die gleichen Bewegungen – ein Effekt, der sehr wirksam ist, wenn er gut geprobt wird. Es sollten möglichst früh die erforderlichen Requisiten zur Verfügung stehen. Durch diese Szenen lernen die Schüler einen Weg zur phantastischen Verdrehung der Realität kennen. Darauf aufbauend lassen sich noch phantastischere Szenarien mit seltsamen Wesen und Situationen darstellen.

»Liebe«

Bezug zum Fachunterricht: Das Thema »Liebe« (und Beziehungen) ist in nahezu allen Altersstufen von Bedeutung. Für die Schüler der 9. und 10. Jahrgänge bekommt es jedoch eine besondere Brisanz: Sie sind 15 oder 16 Jahre alt, haben die ersten Erfahrungen mit vorsichtigen körperlichen Berührungen und Küssen hinter sich, den Schmerz des Liebeskummers erfahren, vielleicht die ersten sexuellen Erfahrungen gemacht. Auch wer scheinbar von dem Thema unberührt ist, ist es in der Regel nicht wirklich. Beziehungen bekommen eine neue Tiefe: längere Freundschaften werden geschlossen, Rollenerwartungen und -klischees werden deutlicher. Empfängnisverhütung spielt eine Rolle, auch die Angst vor Aids rückt ins Bewußtsein. Es besteht eine große Unsicherheit, man fühlt sich oft mit den Problemen allein, möchte sich über die eigene Situation vergewissern.

Die Schule bleibt zu Recht bei diesem Thema meist ausgeschlossen. Doch besteht andererseits ein Bedürfnis der Schüler, sich untereinander auszutauschen, von anderen in ähnlicher Situation zu hören, ohne sich persönlich zu stark öffnen zu müssen. In einem kreativen Umgang besteht die Chance, das Thema »Liebe« sinnvoll und ohne Belehrungscharakter aufzugreifen. Man findet mittlerweile in Unterrichtsmaterialien und Textsammlungen eine Menge schülernaher Texte zum Thema, die zum Einstieg geeignet sind und zum Nachdenken oder Diskutieren anregen. Die Schüler erfahren, daß ihre Probleme und Befindlichkeiten nicht nur Privatsache sind. Sie können beispielsweise in eigenen Texten ihre Irrungen und Wirrungen in witziger kreativer Form niederschreiben.

Szenisches Lernen geht noch einen Schritt weiter: Im Spiel können Situationen, Probleme und Verhaltensweisen sinnlich erfahren, nicht nur mit Herz und Verstand, sondern mit Gefühl und Körper ausprobiert und variiert werden. Das reicht von kleinen Gesten (»Wie überreiche ich eine rote Rose?«) bis hin zu Szenen, in denen Liebe und Eifersucht dramatisch verhandelt werden. Dabei bietet sich die Verbindung zur Textproduktion an: Fremde oder eigene Texte können als Ausgangsmaterial für Szenen benutzt werden, Bewegungen, Improvisationen oder Spiele zum Thema können aber auch der Ausgangspunkt eines solchen Projektes sein, das später in der Produktion eigener Texte

endet. Das Projekt eignet sich besonders für den Deutschunterricht in den Jahrgängen 9 und 10 und kann auch fächerübergreifend in Zusammenarbeit mit Kunst, Musik oder Pädagogik durchgeführt werden.

Einstieg: Das Projekt bietet die Möglichkeit, entweder zuerst eigene Texte und Szenen im Unterricht zu schreiben oder Szenen zum Thema im Spiel zu improvisieren und später als Texte aufzuschreiben. (Beide Vorgehensweisen werden grundsätzlich im Kapitel »Entwicklung von Szenen und Dialogen«, S. 29ff. angesprochen). Durch die Technik der Improvisation wird den Schülern mehr Raum für szenische Phantasie zum Thema »Liebe« gegeben: Im Spiel mit konkreten Situationen kann die eigene Vorstellungskraft Geschichten erfinden, Verläufe und Schlüsse ausprobieren und variieren. Als Einstieg ist eine Assoziationssammlung zum Thema denkbar, die ungeordnet Gefühle, Ängste, Hoffnungen und sonstige Äußerungen sammelt. Solche Assoziationen sind auch als Bilder und Zeichnungen denkbar. Parallel dazu wird mit allgemeinen Aufwärmübungen und Spielen begonnen. Wie man ein Instrument nur spielen kann, wenn man es kennt und ausprobiert hat, kann man Theater zum Thema Liebe nur spielen, wenn man Körper, Sprache, Gefühl und Interaktion kennt und trainiert hat. Geeignete Übungen sind hier »Blinder Knoten« (1.2), »Die Eroberung der Burg« (4.8), »Katz und Maus« (1.8), »Fliegen« (4.17), »Blinder Bildhauer« (4.7) und »Botschaft« (3.1). Alle diese Einstiegsübungen dienen dazu, die Angst vor Körperkontakten ab- und gleichzeitig Vertrauen in die eigenen Fähigkeiten und die der Mitschüler aufzubauen.

2. Einheit: Daran können sich szenische Vorübungen anschließen, die allmählich einen inhaltlichen Bezug zum Thema herstellen, wie etwa die »Drei-Wort-Szene« (7.1), »Rollenverhalten« (6.7), »Auf Zuruf Gefühle darstellen« (6.9). Aus diesen Improvisationen ergeben sich schon Anregungen und Ideen für einzelne Szenen. Als Vorstufe der eigentlichen Szenen werden Details mit bestimmten Gegenständen (einer Plastikrose, einem Brief, einem Kondom oder einem Ring) geübt: Diese Gegenstände können von Schülern mitgebracht werden. Daraus lassen sich schon Miniszenen entwickeln: Wie übergebe ich eine Rose ohne viel Worte so, daß meine Gefühle völlig klarwerden? Oder wie weist man das Geschenk einer Rose so zurück, daß die Gefühle ebenfalls deutlich werden? Man erhält einen Brief, und beim Lesen werden dem Zuschauer die Gefühle für den Schreiber klar. Anschließend teilen sich die Schüler in Gruppen auf und überlegen, wie sie mit den in den Improvisationen verwendeten Details eine Szene zum Thema »Liebe« entwickeln können.

3. Einheit: Nachdem sich alle Gruppen für eine Szenenidee entschieden haben, werden die Szenen dann in Gruppenarbeit entwickelt und stichwortartig festgehalten. Wenn das Gerüst der Szene fertig ist, kann es den anderen Gruppen vorgestellt und gemeinsam diskutiert werden. Die Probenarbeit findet in der Regel in Gruppen statt, es ist aber auch möglich, daß eine Gruppe »exemplarisch« probt, während die anderen zuschauen.

4. Einheit: In der letzten Phase der Probenarbeit besteht die Hilfestellung für die Gruppen in der verstärkten Feinarbeit des Spielens: Das realitätsgetreue und nachvollziehbare Verhalten der einzelnen Rollen muß in den Einzelheiten überprüft und besprochen werden. Auch müssen die Schüler besonders auf ihre Sprechlautstärke und auf die Hinwendung der Spieler zum Zuschauer achten. Weil sich die Szenen während der Proben inhaltlich noch ändern, wird der Handlungsverlauf erst aufgeschrieben, wenn die Szenen stimmig und glaubhaft sind. Anschließend können sie entsprechend dem Spielverlauf im Unterricht auch schriftlich dialogisiert werden. Durch die schriftliche Fixierung wird der Handlungsablauf festgelegt, es entsteht ein fester Rollentext, was die Feinarbeit der letzten Phase erleichtert.

»Geschichtenerzähler«

Bezug zum Fachunterricht: Eine gut erzählte Gesichte fasziniert auch im heutigen Medienzeitalter immer wieder die Zuhörer, dabei spielt es keine Rolle, ob sie vorher schriftlich formuliert oder in der Situation frei erfunden wird. Leider gibt es im Unterricht zuwenig Möglichkeiten, interessantes Geschichtenerzählen in freier Rede zu üben. Viele Schüler (aber nicht nur sie) haben Probleme damit, längere Geschichten mit einem regelrechten Spannungsbogen frei zu erzählen. Sie reihen additive Eindrücke aneinander, verheddern sich, das Interesse der zuhörenden Mitschüler erlahmt meist recht schnell.

Das Projekt »Erzählen« versucht in der Szenischen Darstellung, Erzähler und Erzähltes zu verbinden: Der Erzähler tritt als Figur auf die Bühne, seine Geschichte wird in kleinen Szenen dargestellt. So wird der Erzähler doppelt entlastet: Erzählende Zwischentexte und Szenen wechseln einander ab, und der Erzähler muß die Geschichte nicht allein mit Worten »erschaffen«, sie wird auch visualisiert.

Dadurch wird aber auch die Funktion des Erzählers szenisch verdeutlicht, die Schüler merken, daß der Erzähler Einfluß auf den Inhalt der Szene hat, denn das Verhältnis zwischen beiden kann verschiedenste Formen annehmen. Der Erzähler spricht die Zwischentexte für eine bestimmte Szenenfolge und versprachlicht auf diese Weise etwa bei Dialogen den kommunikativen »Subtext«. Er kann auch die Szene als allwissender Erzähler erschaffen, oder er spielt als »Ich-Erzähler« selber mit und tritt bisweilen aus der Szene heraus und kommentiert das Geschehen, kann sich selbst und den Szenenverlauf ironisch brechen etc.

Dieses Projekt läßt sich variabel einsetzen: Die Schüler können Szenen oder Dialoge in Anlehnung an bekannte Texte oder völlig frei entwickeln. Das Projekt eignet sich aber auch dafür, kurze Texte oder Szenen aus dem Unterricht szenisch zu bearbeiten. Es können auch Textstücke durch den Erzähler kommentiert und damit in einen neuen Zusammenhang gestellt werden. Durch den Wechsel von Szene und Erzähler interpretieren sich beide gegenseitig. In diesem Projekt lassen sich daher auch vorhandene literarische Texte problemlos mit Texten der Schüler kombinieren.

Einstieg: Die spielerischen Vorübungen bereiten die Schüler darauf vor, die szenischen Situationen zu entwickeln und die Erzählerrolle einzunehmen, die ja auch darstellerische Elemente enthält, wobei der Schwerpunkt jedoch auf rhetorischen Formen liegt. Als allgemeine Lockerungsübungen für Motorik und spielerische Darstellung eignen sich unter anderen das »Begrüßungsspiel« (1.1), »Die Lachstraße« (1.4), »Gesichter weitergeben« (1.7), »Namen verfremden« (1.10), »Soundball« (1.13), »Bilder stellen« (2.1), »Statuen bauen« (2.3) und »Die Maschine« (4.1). Diese Übungen enthalten auch einige Ideen, die die Schüler später in ihren Szenen verwenden können. Natürlich können diese auch durch andere Übungen ergänzt werden. Die sprachlich/rhetorischen Elemente werden besonders in folgenden Übungen betont: »Botschaft« (3.1), »Akustische Bilder« (3.2), »Zwischenrufgeschichte« (5.4), »Grommolo« (6.5) und »Gefühl, Gegenstand …« (7.2). Es ist sinnvoll, beide Übungsbereiche zu mischen und sie nicht nacheinander zu trainieren.

2. Einheit: In der folgenden Phase werden Ideen zur Gestaltung einzelner Szenen gesammelt. Dabei sind zwei Wege denkbar: Es werden fertige Texte szenisch bearbeitet oder Szenen völlig neu entwickelt. Bei der ersten Möglichkeit sollte man darauf achten, daß sich der vorhandene Text nicht als Belastung für die Spielfreude der Schüler erweist, weil sie immer nur daran denken, den Text auswendig auf der Bühne zu reproduzieren. Vielmehr sollte der Text als »Steinbruch« genutzt werden, der auch eigene Ideen und Umgestaltungen zuläßt. Hier ist es durchaus eine Möglichkeit, den Text – ohne ihn auswendig zu kennen – aus der Erinnerung einfach einmal zu spielen und Veränderungen im Spiel zuzulassen. Hier kann der Erzähler auch produktiv in die Gestaltung der Szene eingreifen, indem er den Zuschauern an bestimmten Stellen Änderungen der Handlung erklärt, den Schauspielern sagt, wie es weitergehen soll, oder wiederum die Zuschauer den Schluß raten läßt.

Falls die Szenen neu erfunden werden, werden erst einmal Situationen/Konflikte und die dazu passenden Personen und Orte gesammelt. Dabei kann man meist auf Anregungen aus den Vorübungen zurückgreifen. Die Grundidee für eine Szene wird beispielsweise genannt: Der Erzähler stellt Drillinge vor und erklärt den Zuschauern, was diese können, mögen oder nicht mögen. Die Drillinge spielen die vom Erzähler genannten Gefühle und Vorlieben durch Pantomime oder akustische Äußerungen nach. Die Drillinge können nun das Spiel erweitern, indem sie die Anweisungen des Erzählers variieren oder ignorieren. Darauf reagiert wiederum der Erzähler. Die Schüler sollten ermutigt werden, auch ironische Brechungen und überraschende Wendungen durch den Erzähler zuzulassen.

3. Einheit: Jede Gruppe legt nun die einzelnen Rollen und den Erzähler fest und beginnt zu proben. Wenn die Szenen noch entwickelt werden, müssen

Erzähler und Spieler eng aufeinander bezogen bleiben. Je nachdem, wie klar die Szene vorbereitet ist, können die einzelnen Elemente zwischendurch jedoch auch getrennt geprobt werden: Der Erzähler überlegt sich genau, was er sagen und spielen will, und die Szene der anderen Mitspieler wird isoliert geprobt. In der Schlußphase wird beides wieder zusammengeführt und an den Einzelheiten der Darstellung gearbeitet. Hier geht es nun vor allem um die Position des Erzählers auf der Bühne: Bleibt er während der Szene sichtbar, darf er das Geschehen mimisch oder sprachlich kommentieren? Vor allem die sprachliche Verständlichkeit des Erzählers sollte in dieser Phase im Mittelpunkt stehen.

»Mittelalter«

Bezug zum Fachunterricht: Im Fach Gesellschaftslehre (integrierter Unterricht in den Fächern Geschichte, Erdkunde, Politik) ist im 7. Schuljahr als historischer Schwerpunkt das Thema »Mittelalter« vorgesehen. In allen Geschichtsbüchern findet dieses Thema breite Beachtung, werden die verschiedenen Unterthemen ausführlich mit Quellen, Bildern, Tabellen, darstellenden Texten usw. abgehandelt. Für den Unterricht in einer 7. Klasse stellt sich besonders das Problem der didaktischen Reduktion: Was läßt man weg, ohne daß der Sachzusammenhang historisch verfälscht oder unverständlich wird, welche Bereiche sind wichtig oder interessant für 13jährige Schülerinnen und Schüler? »Mittelalter« bedeutet für die meisten Kinder und Jugendlichen zuerst mal nur »die Ritter auf den Burgen«. Sie sind sehr interessiert und begeistern sich für Bilder und Geschichten aus dem Alltagsleben auf einer Burg oder über Turniere. Städtisches Leben mit seiner gesellschaftspolitischen Rangordnung und andere Sachzusammenhänge wie Feudalsystem oder Lehnswesen sind dieser Altersgruppe eher schwer zu vermitteln.

Um dieses komplizierte historische Zeitalter für Schüler begreifbar zu machen, sollte das rein kognitive Lernen durch andere Elemente ergänzt werden. Ein Weg, Mittelalter für Kinder und Jugendliche von heute erlebbar und nachvollziehbar zu machen, ist die Darstellung der Lebenszusammenhänge der Zeit im Szenischen Spiel. Die Schüler sollen das im Fachunterricht Gelernte durch Entwickeln von Szenen, durch Spielen und Darstellen vertiefen und sich dadurch besser in mittelalterliche Lebensumstände hineindenken, Wohn- und Arbeitsbedingungen der Menschen, ihren Platz in der gesellschaftlichen Hierarchie, ihre Abhängigkeit voneinander selber »erleben«.

Da die Schülerinnen und Schüler in der Regel kaum Vorwissen über das Mittelalter haben, muß der Fachunterricht den notwendigen Sachzusammenhang herstellen. Die Arbeit mit gutem Text- und Bildmaterial vermittelt anschaulich, wie das Leben der Zeit für die verschiedenen Bevölkerungsgruppen aussah. Erfahrungsgemäß ist die Interpretation von Bildmaterial (Buchmalereien, Bilderchroniken, Stichen, Gemälden) sehr ergiebig, Schüler erkennen schnell Details, entwickeln Phantasie bei der Erklärung der Bilder und Gespür für die Lebensumstände der jeweils dargestellten Personen.

Einstieg: Verschiedene Einstiege in die Projektarbeit »Szenisches Lernen« sind denkbar. Auf jeden Fall muß der »traditionelle« Unterricht mit dem Szenischen Lernen so verzahnt werden, daß für die Schülerinnen und Schüler jederzeit erkennbar ist, daß es sich um ein Gesamtprojekt handelt und nicht um isoliert voneinander sich entwickelnde Arbeitsbereiche. Hat eine Klasse noch keinerlei Erfahrung im Szenischen Lernen, sollte man in einem solchen Projekt nur kleinere Ausschnitte mittelalterlichen Lebens szenisch erspielen. Die Erfahrung hat gezeigt, daß es erst nach Vorerfahrung sowohl bei Lehrern als auch bei Schülern sinnvoll ist, ein »richtiges« Theaterstück im Unterricht zu erarbeiten.

Beginnen sollte man mit Spielen, die verschiedene Facetten des Theaterspielens betreffen: Konzentration auf sich selbst, den eigenen Körper, Reaktion auf andere, Stimme, Körperhaltung usw. Nach und nach werden dann Spiele ausgewählt, die das Thema zum Inhalt haben, z.B. wie gehen von der Arbeit niedergedrückte Bauern, wie verhalten sich Marktfrauen, wie bewegt sich ein König, der seine Untertanen empfängt, wie sprechen diese Personen in verschiedenen Gemütsverfassungen? Diese szenischen Übungen können ergänzt werden durch Zeichnungen der mittelalterlichen Figuren oder Beschreibungen von mittelalterlichen Berufen und Handwerkern.

2. Einheit: Diese mosaikartigen Bausteine liefern schließlich Material für kleine Szenen: Eine Magd auf dem Markt prüft die angebotene Ware; Bauersfrauen unterhalten sich über ihr hartes Leben; Bauern beliefern ihren Grundherrn mit Abgaben; auf dem Markt der Stadt hat ein Bader seinen Stand aufgebaut und bietet der Bevölkerung seine Dienste an. Die Reihe der Beispiele ließe sich fortsetzen, es lassen sich sicherlich genug Szenen finden, um die ganze Klasse zu beteiligen.

Schülerinnen und Schüler dieser Altersstufe sind sicherlich überfordert, alleine Zusammenhänge für Szenen, Handlungsabläufe oder gar für ein ganzes Stück zu entwickeln. Vorgaben durch den Lehrer sind hier nötig und stellen keine Einschränkung der Entfaltungsmöglichkeiten dar. Verschiedene Vorgaben sind denkbar und abhängig vom geplanten Umfang des Projekts: Für einzelne Szenen werden Personen und Situationen angeregt, oder eine Konfliktsituation wird genannt; will man die Szenen miteinander verknüpfen, sollte man einen lockeren Handlungsrahmen für die einzelnen Szenen konstruieren. Die Szenen müssen nicht sofort dialogisiert werden, es genügt, einen Handlungsablauf zu skizzieren. Im Spiel können Schülerinnen und Schüler dann diese Szenen improvisieren, wobei mehrere Durchgänge denkbar sind oder verschiedene Schülergruppen die gleiche Szene vorführen. Hier kann bereits eine erste schriftliche Fixierung des Gesprochenen durch Stichworte oder Skizzierung des Ablaufs erfolgen.

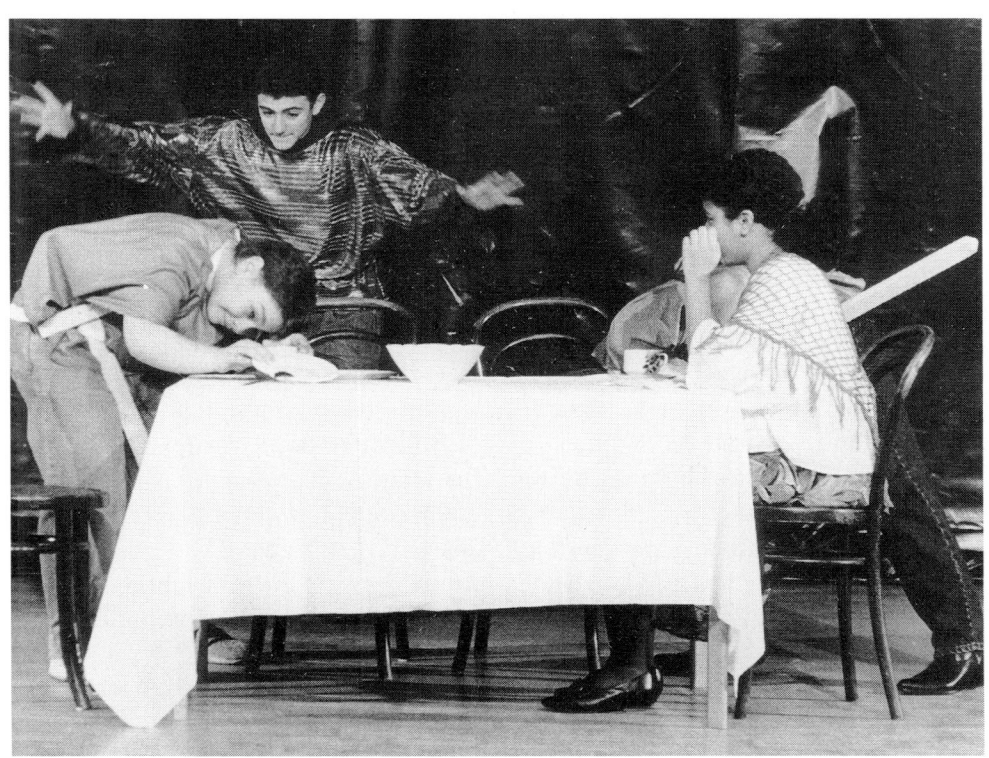

3. Einheit: Diese szenische Arbeit wird dann im Fachunterricht aufgegriffen und gefestigt: Es bietet sich jetzt an, die Szenen schriftlich zu dialogisieren. Hilfestellung beim Schreiben oder später beim Überarbeiten ist sinnvoll. Die Schülerinnen und Schüler werden beim Proben der kleinen Szenen bald merken, daß sie Requisiten brauchen (»ohne … geht das nicht«). Die nächste Probenarbeit könnte dann schon mit auswendig gelerntem Text und Requisiten stattfinden.

»Freizeit und Alltag in der eigenen Stadt«

Bezug zum Fachunterricht: Die alltäglichen Zusammenhänge außerhalb der Schule wie Familie, Hobby und Freizeit allgemein spielen im Leben der Schüler eine große Rolle, stecken gleichzeitig voller Widersprüche, Konflikte und Träume, erfüllter und unerfüllter Hoffnungen. Doch weil dieser Alltag so nah ist, fällt es oft schwer, Distanz zu gewinnen, eigene Probleme und Wünsche zu formulieren oder gar Veränderungen durchzusetzen.

Die Darstellung im Spiel bringt bestimmte Aspekte dieser wichtigen Bereiche aus der Alltäglichkeit heraus und macht Probleme und Wünsche bewußt. Das Szenische Spiel kann sich dabei auf verschiedenen Ebenen bewegen: Zum einen spielt die Auseinandersetzung mit der realen Umwelt, den täglichen Problemen und Rollenkonflikten mit Nachbarn, Eltern und Umgebung eine große Rolle. Auf der anderen Seite gibt es Wünsche und Träume, die sich oft mit der Freizeit verbinden, die Hoffnung, aus dem alltäglichen Leben auszubrechen, der Wunsch, sich in eine andere Welt katapultieren zu können: Vielleicht einmal ein Star zu sein oder in einer unberührten Naturumgebung leben zu können oder eine ganz andere Rolle als im Alltag ausleben zu können. Die spielerische Auseinandersetzung mit dem Alltag hat viele Facetten, die im Szenischen Lernen als Traum und Realität auch fließend ineinander übergehen können. Die Schüler können in der Gestaltung der Szenen selber entscheiden, ob sie sich eher mit den konkreten Möglichkeiten ihres Stadtteils auseinandersetzen oder ihren Utopien und Träumen Ausdruck geben wollen. Direkt oder indirekt setzen sie sich so mit ihren Lebensbedingungen auseinander, erleben den Alltag neu und gewinnen Distanz zu ihren Erfahrungen. Das Projekt eignet sich für die Fächer Deutsch, Sozialwissenschaft und Geschichte und kann in den Jahrgängen 5 bis 8 durchgeführt werden.

Einstieg: Die erste Phase verbindet Spiel- und Lockerungsübungen mit einer inhaltlichen Differenzierung des Themas, damit die Schüler dessen Möglichkeiten kennenlernen. Zur Vorbereitung auf das Szenische Spiel sind besonders die Vertrauens- und Lockerungsübungen im Kapitel »Spiele und Übungen …« (S. 73ff.) geeignet, wie »Begrüßungsspiel« (1.1), »Blinder Knoten« (1.2), »Einhaken« (1.5), »Gesichter weitergeben« (1.7), »Klatschkreis« (1.9),

»Soundball« (1.13) und andere. Das Zusammenspiel mehrerer Schüler in einer Szene trainieren besonders die Übungen »Bilder stellen« (2.1), »Akustische Bilder« (3.2), »Die Maschine« (4.1) und andere.

Ergänzt werden diese Vorübungen durch ein Brainstorming zum Thema »Alltag und Freizeit«. Die Schüler listen auf einer Tafel oder einem Plakat auf, was ihrer Meinung nach alles zum Thema gehört, was in ihrer Umgebung besonders interessant oder problematisch ist, wo besondere Vorlieben liegen etc. Dabei sollten sie ausdrücklich (etwa durch eine Rubrik »was ich gerne einmal machen würde«) dazu ermuntert werden, auch ihre Wünsche und Träume in diesem Bereich zu artikulieren. Dabei lassen sich andere Medien nutzen: Diese Träume können auch als Zeichnung oder Collage dargestellt werden, es können aber auch Texte oder Gedichte formuliert werden.

Im nächsten Schritt kann man diese Sammlung von Freizeitaspekten szenisch konkretisieren, indem man sie Orten und Situationen zuordnet: »Der Streit mit den Nachbarn vor dem Haus« oder »Auf der Eisbahn« stellen bestimmte situative Kontexte her, für die jetzt geeignete Personen und Konflikte gefunden werden. Dabei spielt natürlich die tägliche Erfahrung mit solchen Situationen eine große Rolle. Träume und Wünsche lassen sich auf ähnliche Weise situativ konkretisieren, indem man sich überlegt, wie solche Träume entstehen oder wo sie stattfinden: »Ein Tag im Raumschiff« oder »Im Fernsehstudio« bilden erste Grundmodelle, aus denen sich Szenen vielfältig entwickeln lassen.

2. Einheit: Nun werden die einzelnen Szenenideen entweder gemeinsam oder in Gruppen mit Hilfe optischer Erinnerungsstützen (Tafel/Tapete) in ihrem Ablauf entwickelt. Die Schüler überlegen, welche Figuren in der Szene auftreten, wie sie sich verhalten und welche besonderen Eigenschaften und äußeren Merkmale sie haben sollen: Wie kann man etwa »die alte Nachbarin« oder den »dicken Hausmeister« darstellen, wie bewegen sie sich, welche Stimme haben sie? Bei der Konkretisierung der Figuren sollte darauf geachtet werden, daß sie nicht zu reinen Karikaturen deformiert werden, sondern realistisch und glaubhaft bleiben. Besonders interessant werden die Szenen, wenn im Alltag oder Traumleben Konflikte auftreten oder Traum und Realität aufeinanderprallen: So erscheint der angebetete Star plötzlich im eigenen Zimmer und entpuppt sich als sehr normal. Oder: Im Raumschiff, in das man wunderbarerweise geraten ist, fällt der Strom aus, eine Rückkehr zur Normalität erscheint unmöglich, der Traum wird plötzlich Realität.

3. Einheit: Einzelne Gruppen proben nun ihre Szenen und benutzen dabei die schriftlichen Erinnerungshilfen. Die Hilfestellung des Lehrers trägt in dieser Phase vor allem dazu bei, die Entstehung von Konflikten und Konstellationen in der Darstellung für Zuschauer deutlich und nachvollziehbar werden zu

lassen. Notwendige Requisiten müssen zielgerichtet zur Charakterisierung der jeweiligen Personen ausgesucht werden. Rechtzeitig sollte auch überlegt werden, wie die Orte und Situationen ohne großen Aufwand darzustellen sind. Dies gilt im besonderen für Traumszenen, deren phantastisches Ambiente meist schwerer zu realisieren ist. Hier läßt sich oft durch bestimmte Tricks wie Ansagen, bestimmte Geräusche, Beleuchtung und ähnliche Andeutungen ein Ort charakterisieren, so daß dem Zuschauer klar wird, daß die Szene im Raumschiff spielt, ohne daß großartige Kulissen notwendig sind.

»Gewalt: Konflikte und ihre Lösungen«

Bezug zum Fachunterricht: Gewalt scheint allgegenwärtig zu sein: auf der Straße, in den Familien, im Fernsehen und anderen Medien, in Kriegen und anderen Konflikten, überall wird man mit verschiedensten Formen von Gewalttätigkeit konfrontiert. Gewalt ist für Jugendliche nicht nur ein Medienereignis, sondern berührt sie direkt in ihrer Lebenswelt: Zu Hause werden sie eventuell geschlagen, in der Schule sind sie Opfer (und Täter) bei Bedrohungen und gewalttätigen Auseinandersetzungen. Mädchen werden (sexuell) verfolgt und möglicherweise vergewaltigt, Jungen nehmen als Hooligans an brutalen Schlägereien teil. Teilweise nehmen sie Gewalt als Zuschauer wahr, stehen unter dem Druck, Stellung nehmen zu müssen oder merken gar, daß sie Spaß daran haben. Mädchen gegen Jungen, Jugendliche gegen Eltern, Deutsche gegen Ausländer – Formen der Gewalt finden sich fast überall.

Wie kann man mit diesem brisanten Thema im Unterricht umgehen? Die Alltäglichkeit des Phänomens erleichtert die Auseinandersetzung damit ja nicht, erschwert sie eher. Es gibt verschiedene Möglichkeiten des Einstiegs, indem man verschiedene Medien nutzt und Texte, Filme, Gedichte oder Musik zum Thema heranzieht. Doch bleibt diese Art der Annäherung an das Thema oft allzu »verkopft«, will vorschnell und äußerlich Betroffenheit herstellen. Eigene Gefühle und Empfindungen kommen – im günstigsten Fall – nur in Diskussionen ins Spiel. Die eigene Betroffenheit und die eigenen Ängste werden oft nicht geäußert, bleiben außen vor. Darüber hinaus liefern die Medien zwar Modelle für gewaltträchtige Situationen, doch nur selten werden Möglichkeiten zur Konfliktlösung thematisiert oder gar ausprobiert.

In einem Theaterprojekt kann das Thema vielschichtiger behandelt werden. Anders als bei der Arbeit mit Texten ergibt sich für die Schüler die Gelegenheit, Gewaltsituationen hautnah, d.h. emotional und gleichzeitig distanziert zu erleben. Die spontanen Reaktionen während der Spielszenen zeugen ebenso davon wie die späteren Diskussionen. Beim Spielen der Szenen erleben sie am eigenen Leibe und dennoch mit einem gewissen Abstand, wie sie Gewalt ausüben, erfahren oder gar vermeiden. Es bietet Gelegenheit, das Phänomen in ausgewählten Szenen wahrzunehmen, über das Gesehene zu diskutieren, aber auch eigene Gefühle zuzulassen. Diese Emotionalität kann produktiv genutzt werden, indem sie in neue Szenen und Dialoge zurückfließt. Das Spiel gibt allen Beteiligten die Chance, Gewalt – in einem weitgehend gewaltfreien und vorurteilsfreien Raum – sinnlich und körperlich zu erfahren, als Opfer und Täter, physisch und psychisch. Jeder kann in alle Rollen schlüpfen, kann gewalttätig werden, fühlt sich als Opfer ausgeliefert, spürt Macht und Ohnmacht und erfährt so sinnlich konkret die Facetten von Gewalt und Gegengewalt.

Das eigene Erleben führt eher zum Nachdenken über die eigene Einstellung zur Gewalt. Weil Szenen immer umgestaltet werden können, lassen sich verschiedene Möglichkeiten zur Deeskalierung oder zur Beendigung von Konflikten spontan ausprobieren und auf ihre Glaubwürdigkeit hin prüfen. Abweichend von den anderen Projekten müssen die Szenen nicht zuerst entwickelt werden, sondern man kann mit fertigen Szenen, die zur Auseinandersetzung herausfordern, beginnen. Dieses Projekt kann in den Fächern Deutsch, Gesellschaftslehre, Pädagogik, Fremdsprachen durchgeführt werden und eignet sich besonders für die Jahrgangsstufen 8 bis 10.

Einstieg: Bei einem Theaterprojekt zum Thema Gewalt ist es besonders wichtig, daß die Gruppenmitglieder Vertrauen zueinander haben und Spielblockaden abgebaut werden. Es sollte genügend Zeit zur Verfügung stehen, die Spielerinnen und Spieler mit den vorbereitenden Spielen und Übungen füreinander zu sensibilisieren, etwa mit »Fliegen« (s. Kapitel »Spiele und Übungen ...«, 4.17), »Zombiespiel« (4.16) und »Einen Partner hin- und herwiegen« (4.22). Es lassen sich Übungen anschließen, die im weitesten Sinne mit Macht und Ausgeliefertsein zu tun haben, etwa »Blinde führen« (4.6), »Folge meiner Hand« (4.9) und »Laufen mit geschlossenen Augen« (4.20).

2. Einheit: Zu Beginn spielen einige Schüler ihren Mitschülern drei Szenen zum Thema Gewalt vor. Da in diesem Projekt der Schwerpunkt der Arbeit nicht auf der Szenenentwicklung, sondern auf ihrer Weiterführung besteht, haben wir als Anregung drei Vorschläge aufgeschrieben. Es ist natürlich auch möglich, daß sich die Schüler selber konflikt- und gewaltträchtige Szenen ausdenken, die sie entweder aus eigener Erfahrung oder aus Medien kennen. Die Szenen sollten sehr realistisch dargeboten werden und nicht zu Ende gespielt, sondern an dem Punkt abgebrochen werden, an dem sich der Konflikt besonders zuspitzt und zur körperlichen Gewalt eskaliert. Es ist auch möglich, daß Lehrer bei den Szenenanfängen in den entsprechenden Rollen mitspielen.

Wir schlagen folgende Szenen für die Arbeit in den Gruppen vor:

Im Klassenzimmer: Arno kommt mal wieder zu spät zum Unterricht und hat auch noch eine offene Chipstüte in der Hand. Die Lehrerin tadelt ihn wegen seiner Verspätung und fordert ihn auf, die Tüte wegzulegen. Da Arno der Aufforderung nicht nachkommt, nimmt sie ihm selber die Tüte weg. Als Arno frech wird, will sie sein Hausaufgabenheft sehen. Arno hat sein Heft nicht dabei. Die Lehrerin wirft ihm vor, überhaupt kein Heft zu besitzen. Arno verteidigt sich. Die Lehrerin wird ausfallend, sie vergleicht ihn mit seinem Bruder, der sitzengeblieben ist. Sie äußert sich abfällig über seine Mutter, deren Kleidung ihr nicht gefällt, und auch über seinen Vater, der angeblich trinkt. Arno ist diesen Vergleichen nicht gewachsen und kann sich verbal nicht wehren. Seine Wut steigert sich, bis er schließlich aufspringt und zum Schlag ausholt.

Im Freizeitzentrum: Zwei Mädchen und ein Junge mit Baseballkappe stehen zusammen und diskutieren ihre Pläne für den Samstagabend. Ein zweiter Junge kommt hinzu, will sich anschließen. Die drei reagieren abweisend, daraufhin nimmt er dem anderen Jungen die Kappe weg. Sie wird hin und her geworfen, die Mädchen beteiligen sich an dem Spiel. Der Besitzer versucht vergeblich, seine Kappe wiederzubekommen. Zwischen den beiden Jungen entsteht ein ernster Streit, sie beleidigen und beschimpfen sich. Die Mädchen versuchen ohne Erfolg zu schlichten. Der Streit der Jungen eskaliert, der Außenseiter ballt die Faust zum Schlag.

Beim Frühstück: Während die Mutter das Frühstück für die Familie herrichtet, versteckt sich der Vater hinter der Zeitung, die Tochter setzt sich verschlafen an den Tisch. Die Mutter bittet die Tochter, ein Kostüm aus der Reinigung zu holen. Die Tochter erklärt, daß sie dazu leider nicht in der Lage sei, weil sie Training habe. Der Vater schaltet sich ein und besteht darauf, daß die Tochter zur Reinigung geht. Die Tochter kann nicht schon wieder zu spät zum Training kommen. Statt dessen schlägt sie vor, daß der arbeitslose Vater oder der Sohn der Mutter diesen Gefallen tun. Der Sohn kommt gerade in die Küche, verzieht sich aber, als er merkt, daß die Atmosphäre ziemlich gespannt ist. Der Vater nimmt den Sohn in Schutz. Er selbst schiebt wichtige Hausarbeiten und Besorgungen vor. Die Tochter empört sich über die ungleiche Behandlung und betont nochmals, daß sie unmöglich zur Reinigung gehen könne. Die Mutter bietet nun an, selber zu gehen. Der Vater besteht jedoch darauf, daß die Tochter geht. Sie weigert sich, es kommt zu einem heftigen Wortwechsel. Der Vater hebt die Hand, um sie zu schlagen.

3. Einheit: Nachdem die Klasse die Szenen gesehen hat, teilen sich die Schüler in kleinere Gruppen auf. Jede Gruppe beschäftigt sich mit einer Szene und diskutiert den bisherigen Ablauf, die Entstehung des Konflikts und der Gewaltbereitschaft. Dann versucht jede Gruppe, zwei alternative Enden für die Szene zu finden und zu spielen. Eine Möglichkeit sollte eher »realistisch« den Erwartungen der Spieler entsprechen. Die andere Möglichkeit kann »idealistisch« in dem Sinne sein, daß ein Weg gefunden wird, den sich anbahnenden Konflikt ohne Gewalt zu lösen. Die Hilfestellung in dieser Phase sollte darauf achten, daß die Schüler nicht unmerklich die Szenen verändern, damit sie zum Schluß passen, die gespielten Anfänge sind für die Weiterführung bindend. Jede Gruppe arbeitet an ihren Schlüssen, bis sie sie für aufführungsreif hält.

4. Einheit: Zum Schluß spielen sich die Gruppen gegenseitig die Szenen vor, dabei wird der Anfang der Szene jeweils wiederholt. In der folgenden Diskussion werden die Schlüsse auf ihren Realitätsgehalt und ihre Verwirklichungsmöglichkeiten hin diskutiert. Durch diese Erfahrungen wird das Thema Gewalt für den einzelnen ins Bewußtsein gerückt und wird zur Auseinandersetzung und zum mutigeren Umgang mit alltäglichen Konflikten und Gewalt ermutigt.

»Reise um die Welt«

Bezug zum Fachunterricht: In heutigen Klassen finden sich oft Kinder aus verschiedenen Ländern, die neben Deutsch noch eine eigene Muttersprache sprechen, Erfahrungen in einer fremden Kultur besitzen und andere Gewohnheiten und Bräuche kennen. Dies bietet den Anknüpfungspunkt für ein Thema »Kinder dieser Welt«, in dem die Schüler fremde und ungewohnte Lebensbedingungen und -gewohnheiten auf verschiedenen Kontinenten exemplarisch kennenlernen. Für die Schüler soll es eine Reise um die Welt in punktuellen Ausschnitten sein, die keinen Anspruch auf Vollständigkeit erhebt, aber erste Einblicke in fremde Kulturen gewährt und gleichzeitig das Erlebnis der eigenen Fremdheit in ungewohnter Umgebung zum Thema macht. Die Reise kann in beliebige Länder auf allen Kontinenten führen, sollte vor allem auch die Heimatländer der ausländischen Schüler der Klasse einschließen. Sie strebt kein umfassendes Wissen über die besuchten Länder an, sondern vermittelt plastische Eindrücke aus dem Alltagsleben fremder Länder, etwa aus einem Basar in Marokko, einer Beduinenkarawane in der Wüste, der Eisbärjagd in Grönland oder über bettelnde Straßenkinder in Brasilien.

Das Projekt bietet vielseitige Anknüpfungsmöglichkeiten an verschiedene Unterrichtsfächer: Es können Informationen aus verschiedenen Medien gesammelt und anschaulich zusammengestellt werden, es sind auch Reiseberichte über erfundene Erlebnisse denkbar. Besonders beeindruckende Einzelheiten können ebenso geschildert werden wie geographische Besonderheiten. Mit der Reise kann sich die Einführung in die Arbeit mit Atlanten, das Kennenlernen der einzelnen Kontinente, die Unterscheidung der Begriffe »Staaten« und »Kontinente« verbinden. Das Projekt kann in den Fächern Deutsch, Gesellschaftslehre, Geographie (oder Politik) und Kunst oder auch fachübergreifend durchgeführt werden und eignet sich besonders als Einstieg im 5. Schuljahr, um das gegenseitige Verständnis für verschiedene Kulturen in der Klasse zu fördern. Es kann durchaus aber auch noch später, etwa im 6. Schuljahr, zum Thema des Unterrichts werden.

Einstieg: Der Fachunterricht schafft über Schulbücher, Dias oder Erzählungen ausländischer Schüler eine Informationsbasis für die Reise: Im ersten Kennen-

lernen der Kontinente wird schnell klar, wo die Kinder schon Vorwissen aus eigenen Büchern oder auch Filmen haben. Im zweiten Schritt wird eine Auswahl getroffen, welche Länder auf der Reise besucht werden sollen. Die Schüler können sich aus verschiedenen Medien informieren und selber Informationen in vielfältiger Weise (in schriftlicher Form, als Bild oder Collage) zusammenstellen, um so Grundlagenmaterial für das Szenische Lernen zu gewinnen. Hier lassen sich besonders dort Schwerpunkte setzen, wo die Schüler schon Vorinformationen haben. Dies gilt vor allem für die Heimatländer der ausländischen Schüler. Parallel werden im Szenischen Bereich mit ersten Lockerungsübungen die späteren Szenen vorbereitet. Hier eignen sich besonders Übungen, die sich mit Verhalten in ungewohnten Umgebungen und Sprache beschäftigen, wie »Grommolo« (6.5), »Blinder Knoten« (1.2), »Namen verfremden« (1.10), »Soundball« (1.13), »Akustische Bilder« (3.2), »Zwischenrufgeschichte« (5.4) und »Eigenschaften raten« (6.2).

Wenn sich die Länder der Reise langsam herauskristallisieren, kann man in Vorbereitung der späteren Szenen und Rollen Details der Bewegung üben: Jemand sitzt im Eis und friert: Was tut er dagegen? Ein Bettler sitzt an der Straße, wie ist seine Haltung? Wie bewegt sich jemand, der einen steilen Berg

erklimmen will, wie ist er ausgerüstet, wie erschöpft ist er nach fünf Stunden? Wie stellt sich ein Händler auf dem Basar dar, wie preist er seine Ware an, wie reagiert er auf freche Diebe? Man kann sich nun grundsätzlich entscheiden: Stellt man einfach einzelne Szenen aus verschiedenen Ländern dar oder schickt man – als zusätzlichen Spannungseffekt – fremde Reisende in diese Länder und läßt sie in schwierige Situationen geraten? Um die einzelnen Szenen besser zu verbinden, kann man noch eine Rahmenhandlung der »Reise um die Welt« entwickeln: Ein Raumschiff etwa oder ein U-Boot entläßt jeweils die Reisenden an die einzelnen Stationen ihrer Abenteuer.

2. Einheit: Zur Vorbereitung können sich die Schüler in improvisierten Minigeschichten einer Szene nähern. Dafür legen sie einen Ort und eine grundsätzliche Situation fest, etwa einen Marktplatz in einer Oase, bettelnde Straßenkinder in einer Stadt der Dritten Welt oder Eskimojungen auf Fischjagd. Wenn fremde Reisende in diese Umgebung kommen, stellt sich zusätzlich das Problem der Fremdheit in einer ungewohnten Umgebung, das Problem mit der Sprache tritt hinzu: Kann man sich überhaupt verständlich machen oder muß man sich auf andere Weise verständigen? Ist die Sprache mit Akzent einge-

67

färbt, was sagt man in einer ungewohnten Situation, wie reagiert man bei unerwarteten Problemen, wie macht man klar, daß man in friedlicher Absicht gekommen ist? Auf dem Markt sprechen einzelne Schüler plötzlich nur noch Grommolo, wie reagieren die anderen auf die unverständlichen Fremden? Oder es treffen sich mehrere unbekannte Stämme im Urwald, welche Begrüßungsrituale können sie austauschen, wenn sie ihre Sprache nicht verstehen? Diese Situationen werden die Phantasie der Schüler anregen, sich auf Situationen in der Fremde einzustellen. Die spannendsten Elemente dieser Improvisationen können stichwortartig auf Tafeln festgehalten werden.

3. Einheit: Aus diesen Miniimprovisationen können sich jetzt richtige Szenen entwickeln. Sie können im Fachunterricht weiter ausgestaltet und aufgeschrieben werden. Es gilt nun zu überlegen, welcher Konflikt in der jeweiligen Szene entsteht und wie er aufgelöst wird. Es kann natürlich passieren, daß die Kinder während des Spielens aus der Besonderheit des Ambientes herausfallen und vergessen, daß sie in der Wüste oder in Grönland sind. Hier kann die Hilfestellung darin bestehen, sie immer wieder daran zu erinnern, möglichst viele typische Gesten, Bewegungen und landestypische Besonderheiten in ihr Spiel einzubeziehen. Das drückt sich auch in der Herstellung der Requisiten aus: Wie kann man einen Eisbären durch äußere Merkmale darstellen? Anschließend werden die Szenen aufgeführt und besprochen.

»Krimi«

Bezug zum Fachunterricht: Wohl kaum eine andere Gattung ist heute so populär wie der Krimi. Sie wird jedoch nicht unbedingt als literarische verstanden, sondern auch über verschiedene andere Medien rezipiert: In Form von Filmen und Fernsehspielen, oder aber als Buch und Fortsetzungsroman in Zeitungen. Täter, Opfer, Motive und Handlungsmuster als Elemente der Gattung sind den Schülern vertraut und erleichtern den Zugang. Hier bietet sich die Möglichkeit, über eigene Gestaltung die hinlänglich bekannten Handlungsklischees aufzubrechen und bei Verwendung der bekannten Elemente eigene kreative und überraschende Plots zu finden. Das hat oft phantastische Sujets zum Thema, doch gibt es auch erstaunliche Wendungen zum nahen und bekannten Alltag: Einige Schüler nutzen auch die Gattung Krimi, um bedrohliche und gewalttätige Aspekte des Alltags wie etwa die Bedrohung durch Banden- oder Drogenkriminalität aufzuarbeiten.

Das Projekt »Krimi« kann als Verbindung literarischer und theatralischer Elemente gestaltet werden, indem Figuren und Motive als Versatzstücke von Handlungsmustern im Fachunterricht thematisiert und daraus spielend Szenen und Plots entwickelt werden. Ohne großen zusätzlichen Aufwand lassen sich die Szenen in eine filmische Sichtweise bringen, indem sie als Video konzipiert werden. Aus den verwendeten Plots lassen sich später auch leicht literarische Formen entwickeln, indem man an die theatralische Sichtweise der Szenen beim Schreiben anknüpft und filmähnliche Skripts und Szenen schreiben läßt. Das Projekt kann in Verbindung mit dem Deutsch- und Kunstunterricht durchgeführt werden und eignet sich besonders für die Jahrgänge 8 bis 10.

Einstieg: Die Warm-ups und Vorübungen bereiten auf typische Verfolgungs- und Beobachtungssituationen vor. Dabei helfen besonders die Übungen »Blinder Knoten« (1.2), »Einhaken« (1.5), »Katz und Maus« (1.8) und »Kontrolleur und Schwarzfahrer« (7.3). Diese können entsprechend durch andere Sprech- und Bewegungsübungen ergänzt werden.

Parallel dazu werden im Fachunterricht in einer Sammelphase die wesentlichen Elemente der Gattung Krimi besprochen: Welche Personen können auftreten, welche sind als Täter, welche als Opfer denkbar; welche Fälle werden zum Thema eines Krimis, welche Orte und Situationen eignen sich für die Handlung? Neben den Standardrollen (Detektiv oder Mörder) kann man die Schüler schon dazu anregen, sich bestimmte Rollen auch mit skurrilem Einschlag vorzustellen: Der Polizist hat einen bestimmten Tick; der Mörder ist tierlieb, das bringt ihn in entscheidenden Momenten immer in Schwierigkeiten. Die entsprechenden Typen und Rollen können nun vorgestellt und gespielt, Einzelheiten des Ganges, der Haltung und ähnliche Details diskutiert und in Stichworten festgehalten werden.

2. Einheit: Daran läßt sich ein »Verfolgerspiel« anschließen, das schon auf szenische Details hinführt und Beweglichkeit trainiert: In einer Gruppe umhergehender Schüler sucht sich jeder einen Verfolger, der ihn beobachtet und jemanden, der ihn vor dem Verfolger schützt. Ohne daß die beiden anderen davon wissen, muß man immer versuchen den »Beschützer« zwischen sich und den Verfolger zu bringen. Ähnlich funktioniert das »Beobachtungsspiel«. Diese Variation der »Bewegungsimprovisation« (2.7) bezieht sich auf Verfolgungsübungen. Während die Gruppe im Raum umhergeht, gibt der Spielleiter Anregungen zur Situation: Man beobachtet gerade eine verdächtige Person, dementsprechend vorsichtig muß man sich bewegen und Deckung suchen. Plötzlich bleibt der Verfolgte an einer Telefonzelle stehen. Die Beobachtung läßt sich auch durch Variationsimprovisationen schulen: Zwei Schüler gehen durch den Raum, die Mitschüler prägen sich ihr Aussehen ein. Dann werden Kleidung oder Gestik minimal verändert und die Mitschüler müssen diese Änderung herausfinden. Daran können sich »Improvisationen mit Eigenschaften und Orten« (6.3) anschließen. Kleine Gruppen erhalten jeweils Kärtchen mit Hinweisen wie »Geldübergabe auf dem Friedhof« oder »Überfall in der U-Bahn« und versuchen daraus kurze und auf ein Ereignis begrenzte Szenen zu gestalten.

Parallel dazu werden im Fachunterricht Motive für Verbrechen gesammelt, die später als roter Faden für den Handlungsablauf dienen können, wie etwa Geldgier, Haß oder Eifersucht. Als Hilfe für diese Motive lassen sich entweder Zeitungsausschnitte aus aktuellen Kriminalfällen oder die Analyse bekannter Film- und Fernsehplots verwenden.

3. Einheit: Die Vorübungen und die Kenntnis von gattungsspezifischen Orten, Personen und Motiven bieten genug Material, um eigene Szenen zu entwickeln. Als Hilfe können Kärtchen mit den verschiedenen Möglichkeiten aufgehängt und glaubhafte Konstellationen ausprobiert werden: In einem Hotelempfang wird ein Detektiv auf ein verdächtiges Paar aufmerksam, das auf der Flucht ist. Oder: Zwei junge Gangster überfallen eine Bank zur Geschäftszeit. Als der Überfall schon fast abgeschlossen ist, interessiert sich ein Gangster plötzlich für eine der Bankangestellten und vergißt völlig die Situation. Oder: Zwei Mädchen erfahren, daß in ihrer Straße von einem befreundeten Jungen Drogen verkauft werden und wissen nicht, was sie unternehmen sollen, zumal ihnen handfest gedroht wird. Bei der Entwicklung der Szenen sollte darauf geachtet werden, daß der Stoff nicht einfach dem Handlungsmuster einer Fernsehserie entspricht, sondern Brüche und überraschende Wendungen aufweist.

4. Einheit: Wenn die Szenen im Ansatz entwickelt und die auftretenden Personen skizziert sind, wird die Handlung stichwortartig aufgeschrieben und anschließend die Dialoge im Spiel entwickelt. Beim Thema »Krimi« werden in einigen Szenen auch immer Gewaltelemente von den Schülern eingebaut: Verfolgungsjagden, Schießereien und Prügeleien. Die Hilfestellung des Lehrers sollte darauf achten, daß sich diese Gewaltszenen nicht verselbständigen, sondern als theatralisches Element genau choreographiert werden: Bei einer Prügelei auf der Bühne muß jede Bewegung genau abgesprochen und mehrfach geprobt werden, damit sie auf die Zuschauer wirkt und die Spieler sich nicht gegenseitig unbeabsichtigt verletzen. Für die letzte Probenphase kann der Text in schriftlicher Form fixiert werden. Für die Vorbereitung einer Aufführung sollten jetzt auch die notwendigen Requisiten und Kleidungsstücke für die Rollen bedacht werden. Die Szenen lassen sich noch auf eine filmische Perspektive erweitern, indem man sie auf Video aufnimmt und vorher überlegt, welche Perspektive die Kamera einnimmt, was sie in Nahaufnahmen hervorheben oder als Totale zeigen soll.

Spiele und Übungen für die theaterpädagogische Arbeit mit Gruppen

Die Spiele und Übungen dienen dazu, Hemmungen und Ängste abzubauen, Vertrauen zu schaffen und die Spieler für sich selbst, für andere, den Raum und die Situation zu sensibilisieren. Ein Teil der Spiele soll die Phantasie und Kreativität der Mitwirkenden fordern und fördern. Darüber hinaus helfen die Spiele allen Beteiligten aus dem normalen Schulbetrieb heraus- und in eine Theateratmosphäre hineinzukommen.

Um Unsicherheiten bei der Anleitung dieser Spiele und Übungen zu vermeiden und auf Schwierigkeiten vorbereitet zu sein, empfiehlt es sich, daß der Spielleiter die Spiele selber schon gemacht oder in einem kleineren Rahmen ausprobiert hat. Darüber hinaus ist es sehr hilfreich für das Verständnis der Übungen, wenn einige Schüler die Übungen und Spiele exemplarisch vormachen und ausprobieren, bevor die ganze Klasse beginnt.

Einige Schüler reagieren zunächst mit Hemmungen und Blockaden auf die Spiele und Übungen. Dies kann zum Teil durch Ratespiele aufgefangen werden, bei denen das Schauspielen in den Hintergrund tritt. Oft ändert sich die ablehnende Einstellung dadurch, daß sie sehr konsequent zum Spielen aufgefordert werden und über Bestätigung und Erfolgserlebnisse Spaß am Theaterspielen bekommen.

Einige Schüler in höheren Klassen fühlen sich schnell unterfordert. Dieser angeblichen Unterforderung begegnet man am besten, indem man ihnen die in den Übungen tatsächlich vorhandenen Schwierigkeiten verdeutlicht und ihnen die zu erwerbenden Fähigkeiten erläutert.

Bei einigen Spielen ist es möglich die Dauer abzuschätzen, bei anderen ist sie abhängig von der Zahl der Teilnehmer. Die angegebenen Zeiten sind also nur ein ungefährer Richtwert, zumal bei den meisten Spielen eine Vorbereitungszeit von fünf bis zehn Minuten hinzukommt. Grundsätzlich ist zu der Dauer der Spiele zu sagen, daß die Zeit nicht überdehnt werden sollte, so daß der Spaß am Spiel womöglich verloren geht. Genaue Zeitangaben sind hierbei natürlich nicht möglich.

Die Spiele und Übungen des Katalogs sind nicht grundsätzlich neu. Viele finden sich auch in anderen Publikationen oder wurden durch Workshops und Seminare verbreitet. Sie werden an dieser Stelle aber noch einmal aufgelistet, da sie inhaltlich auf die in diesem Buch dokumentierten Projekte abgestimmt sind. Das heißt, sie thematisieren einerseits bestimmte Aspekte der jeweiligen Projekte und sind andererseits dazu geeignet, in Schulsituationen und mit ganzen Klassen gemacht zu werden.

Zur besseren Orientierung haben wir eine Einteilung in sieben Kapitel vorgenommen, die dem jeweiligen Schwerpunkt der Spiele und Übungen entsprechen:

1. Spielerischer Einstieg

2. Bewegungstraining

3. Atem- und Stimmtraining

4. Vertrauens- und Sensibilisierungsübungen

5. Erzählübungen

6. Darstellungs- und Ausdrucksübungen

7. Improvisation und Szenenentwicklung

1. Spielerischer Einstieg

1.1 Begrüßungsspiel

6–30 SpielerInnen

Zwei Gruppen stehen sich gegenüber. Jeder hat einen Partner in der anderen Gruppe. Alle gehen gleichzeitig aufeinander zu und versuchen, verschiedene Formen der Begrüßung auszuprobieren: einen alten Freund treffen; jemand, den man nicht leiden kann …

1.2 Blinder Knoten

6–30 SpielerInnen, 10–15 Minuten

Alle stehen im Kreis, fassen sich an den Händen und schließen die Augen. Die Gruppe verknotet sich langsam und vorsichtig, indem man über Arme steigt oder darunter durchkriecht, ohne die Hände loszulassen. Wenn man genügend verknotet ist, öffnet man die Augen, schaut sich das Knäuel an. Dann die Augen wieder zu, die Gruppe versucht, sich zu entknoten ohne loszulassen.

Abbildung auf S. 78.

1.3 Knoten mit Auflöseteam

6–30 SpielerInnen, 10–15 Minuten

Ein bis drei Spieler, das Auflöseteam, gehen hinaus. Die anderen stehen im Kreis, fassen sich an den Händen und dürfen sich nicht mehr loslassen. Die Gruppe verknotet sich zu einem Knäuel. Die Spieler verhalten sich passiv, das Auflöseteam entwirrt das Menschenknäuel.

Blinder Knoten (Beschreibung S. 77)

Klatschkreis (Beschreibung S. 80)

1.4 Die Lachstraße

14–30 SpielerInnen

Es werden zwei Gruppen gebildet. Eine Gruppe bildet eine Gasse. Die andere Gruppe bestimmt drei Läufer. Diese müssen durch die Gasse der anderen Gruppe hindurchgehen. Ziel der Gasse ist es, die Läufer durch Grimassen, Verrenkungen, witzige Bemerkungen etc. zum Lachen zu bringen, ohne sie anzufassen. Die Läufer dürfen keine Miene verziehen. Wechsel. Sieger ist die Gruppe, die die meisten Läufer hat, die ohne Lachen durch die Gasse gehen konnten.

1.5 Einhaken

10–30 SpielerInnen

Alle haken sich zu zweit unter und verteilen sich in einem großen Kreis. Zwei Mitspieler haken sich nicht unter. Einer ist der Fänger, der andere das Opfer. Das Opfer ist in Sicherheit, wenn es sich bei einem Paar auf einer Seite einhakt. Der auf der anderen Seite muß loslassen und wird zum Opfer. Wenn das Opfer gefangen wird, wird es zum Fänger.

1.6 Fischernetz

Ab 10 SpielerInnen

Ein Fangenspiel, bei dem sich zwei SpielerInnen an den Händen fassen und versuchen, andere zu fangen, indem sie sie mit den Armen einschließen. Der Gefangene vergrößert den Fängerkreis, indem er die beiden anderen Fänger an den Händen faßt. Besteht die Fängergruppe aus vier FängerInnen teilt sie sich in zwei Gruppen à zwei FängerInnen.

1.7 Gesichter weitergeben

6–30 SpielerInnen

Man sitzt im Kreis. Einer fängt an und schneidet eine Grimasse oder zeigt einen bestimmten Gesichtsausdruck. Er wendet sich an den nächsten, der den Gesichtsausdruck übernimmt, d.h. er versucht ihn möglichst genau nachzumachen. Das geht immer so weiter, bis die Grimasse beim ersten wieder angekommen ist. Was ist daraus geworden?

1.8 Katz und Maus

Ab 10 SpielerInnen, 10 Minuten

Ein Fangenspiel, bei dem der Fänger die Katze ist und versucht, die »Mäuse« zu schlagen. Aber: Immer wenn zwei Mäuse zusammenstehen und sich umarmen, sind sie für die Katze tabu. Die Mäuse dürfen aber nur kurz zusammenhalten und müssen den Partner wechseln.
Variation: Wenn drei, vier … Mäuse zusammenstehen, sind sie für die Katze tabu.

Während es bei dem Spiel 1.4 um Reaktionsvermögen und Schnelligkeit geht, ist hier der Körperkontakt wichtig.

1.9 Klatschkreis

8–30 SpielerInnen

Alle stehen in einem großen Kreis. Der erste Spieler gibt einen Impuls durch Klatschen der Hände an seinen Nachbarn weiter. Soll das Klatschen nach rechts weitergegeben werden, zeigen beide Hände in diese Richtung, die linke Hand klatscht an die rechte und schiebt sich nach vorn, so daß sie nach rechts zeigt. Nach links entsprechend. Jeder Spieler kann die Richtung ändern, wer zu langsam reagiert oder das Spiel blockiert, scheidet aus. Zum Einstieg sollte eine Richtung eingehalten werden.

Man sollte einschreiten, wenn es immer an derselben Stelle hakt und ein Teil der Gruppe gar nicht mehr drankommt.

Abbildung auf S. 78.

1.10 Namen verfremden

3–30 SpielerInnen

Die Gruppe sitzt im Kreis. Jeder nennt auf drei verschiedene Arten seinen Vornamen (Ton, Ausdruck und Bewegungsform variieren). Die Gruppe antwortet jedesmal, indem sie gemeinsam versucht, Tonfall und Bewegung genau nachzuahmen.

1.11 Riesenschlange

6–30 SpielerInnen, 15–20 Minuten

Alle stehen hintereinander. Der erste beginnt sich wie eine Schlange zu bewegen und dabei vorwärts zu gehen, zu kriechen … Alle anderen versuchen, die Bewegungen möglichst exakt nachzumachen, um wirklich eine große Schlange zu werden.

Die Abstände zwischen den TeilnehmerInnen sollten möglichst gering sein.

1.12 Schlange im Gras

10–30 SpielerInnen

Ein Spieler ist eine Schlange, liegt auf dem Boden und kann nicht aufstehen, sondern sich nur auf dem Boden liegend bewegen. Alle anderen müssen ihn zu Beginn irgendwo berühren, damit sie nicht zu weit von der Schlange weg sind. Auf Startzeichen lassen alle die Schlange los, und die Schlange versucht, die anderen abzuschlagen. Die Schlange darf sich dabei nur auf dem Boden schlängelnd bewegen. Wenn sie einen Mitspieler abschlägt, wird dieser auch zu einer Schlange.

Auf die Bodenbeschaffenheit achten! Teppichböden sind oft ungeeignet.

1.13 Soundball

6–30 SpielerInnen, 10 Minuten

Alle stehen im Kreis. Einer beginnt, indem er einem anderen ein Geräusch mit einer pantomimischen Handbewegung »zuwirft«. Dieser fängt das Geräusch, indem er es wiederholt und wirft jemand neuem ein neues Geräusch zu usw. Es scheidet aus, wer zu lange zögert oder vergißt, das Geräusch zu wiederholen.

1.14 Soundball mit Wörtern

6–30 SpielerInnen, 10 Minuten

Alle stehen im Kreis. Einer beginnt, indem er einem anderen ein Wort mit einer pantomimischen Handbewegung »zuwirft«. Dieser fängt das Wort auf, indem er es wiederholt und wirft jemand neuem ein neues Wort zu. Eventuell Begrenzung auf bestimmte Gebiete: Tiere, Lebensmittel … Man kann das Spiel auch sitzend und mit einem richtigen Ball spielen.

1.15 Spots in movement

6–30 SpielerInnen, 15–20 Minuten

Musik spielt. Man tanzt oder geht im Kreis. Wenn die Musik abbricht, wird von allen eine vom Spielleiter angekündigte Handlung ausgeführt, z.B. möglichst viele Hände schütteln, jemanden begrüßen, auf einem Bein hüpfen …

1.16 Stop – Los

6–30 SpielerInnen, 15–20 Minuten

Die SpielerInnen stehen verstreut im Raum. Sobald einer »Los« ruft, fangen alle an, durch den Raum zu laufen. Ruft dann einer »Stop«, bleiben alle sofort stehen. Das Spiel erfordert von den SpielerInnen sehr viel Konzentration. Zum Einstieg ist es oft sinnvoll, daß nur der Spielleiter die Kommandos gibt.

1.17 Reaktionsspiele und -übungen

Für ganze Gruppen

Um für neue Aufmerksamkeit zu sorgen und Konzentration herzustellen, ruft der Spielleiter – ganz egal, was gerade gemacht wird – »Glocke«. Die SpielerInnen müssen sofort reagieren, indem sie mit »Ding-Dong« antworten.

Variation: Der Spielleiter ruft eine Zahl, z.B. »14«. Die SpielerInnen antworten, indem sie die Zahl verdoppeln: »28«.

Baum

1.18 Baum

6–30 SpielerInnen, 15 Minuten

Ein Greifspiel mit ein oder zwei Fängern, je nach Gruppengröße. Die Fänger schlagen die Spieler ab. Jeder abgeschlagene Spieler wird zum Baum, d.h. er muß sofort an der Stelle, an der er abgeschlagen wurde, stehenbleiben und die Beine breit machen. Er kann von seinen freien Mitspielern befreit werden, wenn einer durch seine Beine schlüpft. Dann kann er wieder laufen. Das Spiel ist zu Ende, wenn alle Spieler Bäume sind.

2. Bewegungstraining

2.1 Bilder stellen

10–30 SpielerInnen, 20 Minuten

Es werden Kleingruppen (4 bis 5 Personen) gebildet. Jede Gruppe wählt einen Bildhauer. Dieser bekommt vom Spielleiter die Aufgabe, zu einem bestimmten Thema (z.B. Sportarten, Schaufensterdekorationen) mit seinen Mitspielern ein Bild zu stellen. Er arrangiert sie, indem er den Körper, die Arme, Beine etc. in die von ihm gewünschte Stellung bringt. Die Mitspieler müssen willenlos – wie Marionetten – alles mitmachen und die Positionen halten. Der Rest der Gruppe rät, welches Thema dargestellt ist.

2.2 Gehen

Teilnehmerzahl unbegrenzt, 5 Minuten

Die SpielerInnen gehen auf der Hacke, den Zehen, den Außen-/Innenkanten durch den Raum. Sie erfinden eine Figur, die zu dem jeweiligen Gang paßt, z.B. auf den Zehen gehend stellen sie eine elegante Frau dar.

2.3 Statuen bauen

6–30 SpielerInnen, 20 Minuten

Es werden Kleingruppen à drei Personen gebildet. Die einzelnen Gruppen haben die Aufgabe, Statuen zu bilden. Die Statuen dürfen aber z.B. nur mit zwei Händen, einem Fuß, einem Hintern den Boden berühren. Durch Abstimmung wird die originellste Statue ermittelt.

2.4 Wettlauf in Zeitlupe

6–30 SpielerInnen, 20–30 Minuten

Bei diesem Wettlauf ist der letzte Sieger. Alle bewegen sich so langsam wie nur möglich. Man darf die Bewegung nicht unterbrechen und muß bei jedem Schritt vorwärts kommen, möglichst große Schritte machen und die Füße über Kniehöhe anheben.

2.5 Wettrennen mit drei Füßen

Mehrere Kleingruppen à drei Personen, 20 Minuten

Bei diesem Wettrennen – es treten immer zwei Kleingruppen gegeneinander an – geht es darum, daß jede Kleingruppe à drei Personen eine bestimmte Strecke überwindet, aber insgesamt nur drei Füße den Boden berühren dürfen. Das Ziel ist nicht die schnellste Fortbewegungsart, sondern die originellste.

2.6 Zauberhandschuh

3–30 SpielerInnen, 10–15 Minuten

Kaum haben die SpielerInnen den Zauberhandschuh (pantomimisch) über die rechte Hand gestreift, da beginnt sich die Hand selbständig zu bewegen, diktiert den Körper, bekommt Macht über den Menschen, zieht ihn bald in diese Ecke, dann in jene, zwingt ihn auf den Boden usw. Entscheidend ist der Eindruck, daß die Hand sich von selbst bewegt. Erweiterung: Zauberhandschuhe an beiden Händen oder dem rechten oder linken Fuß.

2.7 Bewegungsimprovisation

6–30 SpielerInnen, 10–15 Minuten

Die SpielerInnen gehen durch den Raum, jeder für sich, jeder in seinem Tempo. Der Spielleiter definiert den Boden, den Raum, das Wetter …, und die SpielerInnen reagieren, indem sie ihre Bewegungen, ihre Haltung usw. ändern. Beispiele für die Anweisungen des Spielleiters: »Stellt euch vor, ihr lauft barfuß über ein Stoppelfeld, durch Matsch, auf einer heißen Teerfläche, über einen zugefrorenen See …«

3. Atem- und Stimmtraining

3.1   Botschaft

6–30 SpielerInnen, 15–20 Minuten

Es werden Kleingruppen (drei bis sechs Personen) gebildet. Jede Gruppe bekommt vom Spielleiter eine Stimmung genannt, z.B. gelangweilt, nervös, ängstlich, wütend etc. Nach einer kurzen Vorbereitungszeit spricht die Gruppe in dieser Stimmung unisono den Satz: Milch macht müde Männer munter. Die Zuschauer raten die Stimmung.

Andere Sätze:
Das mußte ja so kommen. Meinem Namen können Sie vertrauen o.ä.

3.2   Akustische Bilder

Ab 6 SpielerInnen

Es werden Kleingruppen (drei bis sechs Personen) gebildet. Jede Kleingruppe bekommt vom Spielleiter einen Ort genannt, z.B. Bauernhof, Autobahnbrücke etc., den sie nur durch Geräusche und Töne darstellen soll. Nach einer kurzen Vorbereitungszeit beginnt eine Gruppe ihren Ort akustisch darzustellen. Die Zuschauer schließen die Augen und müssen raten, um welchen Ort es sich handelt.

3.3   Lautstärkeübung

4–20 SpielerInnen

Einer erzählt seinem Partner (oder der Gruppe) eine Geschichte oder liest etwas vor. Der Partner oder die Gruppe sitzt zunächst vor ihm, entfernt sich dann weiter und weiter. Es sollte darauf geachtet werden, daß der Sprecher lauter wird, ohne zu schreien.

3.4 Strumpf

6–30 SpielerInnen, 10 Minuten

Alle liegen auf dem Boden und sagen das Wort »Strumpf« gleichzeitig flüsternd vor sich hin. Sie werden langsam, aber stetig lauter. Dabei erheben sie sich, zuerst auf die Knie, dann auf die Füße, bis sie mit ausgestreckten Armen auf den Zehenspitzen stehen. Dann werden sie parallel wieder leiser und kleiner.

3.5 Kleine Stimme

4–20 SpielerInnen

Es werden Kleingruppen zu zwei bis vier Personen gebildet. Jede Gruppe bestimmt einen Gegenstand, der lebendig werden soll. Ein Mitglied der Gruppe wird ausgesucht, um dem Gegenstand seine Stimme zu leihen. Das heißt, der betreffende Spieler verbirgt sich, so daß er nicht mehr zu sehen, aber zu hören ist. Während die anderen SpielerInnen eine Szene improvisieren, spielt der ausgesuchte Gegenstand plötzlich mit, da er anfängt zu reden.

4. Vertrauens- und Sensibilisierungsübungen

4.1 Die Maschine

Ab 6 SpielerInnen, 10 Minuten

Es bilden sich Paare. Einer spielt eine Maschine und denkt sich ein Geräusch und eine Bewegung aus sowie eine Stelle an seinem Körper, wo der Ausschaltknopf sitzt. Während die Maschine läuft, drückt der Maschinist auf verschiedene Körperstellen, bis er den Ausschaltknopf gefunden hat. Rollentausch.

4.2 Handkreis

6–30 SpielerInnen, 10 Minuten

Zwei SpielerInnen stehen sich gegenüber, die Handflächen aneinander. Mit geschlossenen Augen drehen sie sich jeweils um die eigene Achse und versuchen, ohne hinzusehen, wieder die Handflächen des Partners zu treffen (dreimal wiederholen!).

4.3 Balance 1

4–30 SpielerInnen

Es stehen sich Paare gegenüber. Die Füße sind geschlossen und die Fußspitzen stoßen aneinander, die Partner halten sich an den Handgelenken. Sie strecken die Arme und lassen sich beide gleichzeitig langsam nach hinten fallen und balancieren ihr Gewicht aus. Wichtig ist, daß die Körper steif wie ein Brett gehalten werden. Aus dieser Position kann man in die Hocke gehen und wieder hochkommen. Die Arme müssen die ganze Zeit gestreckt sein.
Variation: Dieselbe Ausgangsposition, nur mit einem Arm oder auf einem Bein.

Balance 1

4.4   Balance 2

10–30 SpielerInnen

Die Paare stehen nebeneinander, die Füße berühren sich seitlich. Die Partner reichen sich die Hände, strecken langsam die Arme und kippen zur Seite. Der Körper bleibt ganz steif. Ist die äußerste Position erreicht, können die Partner ein Bein vom Boden abheben. Anschließend die Arme wieder anziehen und in die Ausgangsposition zurückgehen.

4.5   Balance 3

10–30 SpielerInnen

Die Partner stehen Rücken an Rücken, haken sich mit den Armen ein. Die Füße sind voneinander entfernt. Beide gehen gleichzeitig mit dem Gesäß gerade nach unten, indem sie die Knie beugen. Durch Aneinanderpressen der Wirbelsäulen drücken sie sich nach oben.

4.6 Blinde führen

Ab 6 SpielerInnen, 10 Minuten

Es werden Paare gebildet. Einer schließt die Augen. Der Andere führt ihn durch den Raum, indem er ihn an der Hand hält. Über den Handkontakt können Signale bei Treppen o.ä. gegeben werden. Die Geschwindigkeit kann gesteigert werden. Wechsel.

Variation: Der Führende führt seinen Partner, indem er Töne macht. Bei dieser Übung ist es besonders wichtig, daß es im Raum ruhig ist.

4.7 Blinder Bildhauer

6–30 SpielerInnen, 15–20 Minuten

Es werden Paare gebildet. Einer schließt die Augen, der andere nimmt eine beliebige Haltung ein. Der Blinde tastet seinen Partner ab. Wenn er die Haltung des anderen erkannt hat, kann sein Partner wieder normal stehen. Der Blinde öffnet die Augen und nimmt die ertastete Haltung ein. Rollentausch!

4.8 Die Eroberung der Burg

10–30 SpielerInnen, 20 Minuten

Die Gruppe teilt sich in Mädchen und Jungen. Eine Gruppe geht hinaus. Die andere bildet einen Kreis und vereinbart eine bestimmte körperliche Berührung, z.B.: rechtes Bein streicheln, am Ohr ziehen, ... Der Spielleiter sagt der hereinkommenden Gruppe, daß sie mit einer bestimmten Berührung in den Kreis gelangen kann. Sie werden eingelassen, wenn die vereinbarte Berührung gemacht wird. Die Gruppen tauschen.

4.9 Folge meiner Hand

Ab 4 SpielerInnen, 10 Minuten

Ein Spieler hält einem anderen die Handfläche zehn Zentimeter vor das Gesicht. Er führt die Hand in verschiedene Richtungen, nach oben und unten usw. Sein Partner muß der Hand folgen, der Abstand zur Hand soll gleich bleiben. Wenn der Anfangskontakt hergestellt ist, können die Ebenen gewechselt werden, z.B. die Hand über den Boden führen, so daß der Partner durch den Raum kriechen muß. Rollenwechsel.

4.10 Glasplatte

4–30 SpielerInnen, 10 Minuten

Es werden Kleingruppen (3 bis 6 Personen) gebildet. Alle Gruppenmitglieder fassen eine imaginäre Glasplatte an, heben sie gemeinsam hoch, tragen sie durch den Raum, bewegen sie nach oben und unten etc. Zur Vereinfachung kann die Übung zunächst mit einem Seil, das den Rand der Glasplatte darstellt, gemacht werden. Wichtig ist, daß die Ebene der Platte immer erhalten bleibt.

4.11 Mit dem Rücken wahrnehmen

6–30 SpielerInnen, 20–25 Minuten

Es werden Paare gebildet. Die Partner stellen sich in einiger Entfernung (3 bis 4 Meter) mit dem Rücken zueinander auf. Mit geschlossenen Augen gehen sie rückwärts aufeinander zu. Ziel ist es, möglichst gerade zu gehen und mit einem minimalen Abstand zueinander stehenzubleiben. Diese Übung erfordert von den SpielerInnen viel Konzentration. Die Zuschauer sollten möglichst ruhig sein.

4.12 Spiegelbilder

Ab 4 SpielerInnen, 10 Minuten

Zwei SpielerInnen stehen sich frontal gegenüber. Sie entscheiden, wer zuerst das Spiegelbild ist. Der andere Partner beginnt mit langsamen Bewegungen und Mimik. Das Spiegelbild muß versuchen, alle Bewegungen möglichst simultan nachzumachen. Rollentausch.

4.13 Summ-Tore

9–30 SpielerInnen

Ein Teil der Gruppe bildet Paare. Die Paare verteilen sich auf der Spielfläche und bilden Tore, indem sie sich die Hände reichen und über Kopfhöhe halten. Jedes Tor singt eine andere Melodie. Ein Mitspieler mit verbundenen Augen muß durch alle Tore gehen, ohne eins zu berühren. Dieses Spiel kann auch als Wettbewerb zwischen zwei Gruppen durchgeführt werden.

4.14 Stuhltanz

Ab 6 SpielerInnen, 15 Minuten

Es bilden sich Paare. Jedes Paar steht auf einem Stuhl. Der Spielleiter dreht die Musik laut und leise, an und aus. Wenn Musik erklingt, tanzen die Paare auf ihren Stühlen, bei lauter Musik hoch aufgerichtet, bei leiser Musik in der Hocke. Fällt ein Partner vom Stuhl, scheidet das Paar aus. Stoppt die Musik, hören die Paare auf zu tanzen.

4.15 Sessel bauen

6–20 SpielerInnen, 15 Minuten

Zwei SpielerInnen bilden ein Paar. Der eine Partner formt aus dem anderen einen Stuhl, einen Sessel oder ein Sofa. Das menschliche Sitzmöbel kann dabei auf dem Boden liegen, sitzen oder stehen. Wenn alle Sitzmöbel fertig sind, gehen die Sesselbauer im Raum umher, begutachten die anderen Sessel oder Sofas, probieren sie aus. Rollenwechsel.

4.16 Zombiespiel

6–15 SpielerInnen, 10 Minuten

Alle SpielerInnen – bis auf einen – stellen sich als Gruppe zusammen und schließen die Augen. Der Sehende macht ein akustisches Signal (z.B.: Fingerschnipsen). Die Gruppe bewegt sich langsam und geschlossen in die Richtung, aus der das Signal kommt. Der Spieler, der die Signale macht, geht leise zu verschiedenen Stellen des Raumes und lockt durch sein Signal die Gruppe hinter sich her. Wechsel.

Summ-Tore (Beschreibung S. 92)

Zombiespiel (Beschreibung S. 92)

4.17 Fliegen

10–30 SpielerInnen, 10–20 Minuten

Die Gruppe stellt sich immer zu zweit gegenüber in einer Reihe vor einem Tisch oder einer anderen Erhöhung auf. Auf dem Tisch steht ein Mitspieler. Die untenstehenden Gruppenmitglieder winkeln die Arme an, so daß eine Fangfläche entsteht. Sie gucken den auf dem Tisch Stehenden an, zählen bis drei und rufen dann »Fliegen!« Der oben stehende Spieler streckt die Arme, macht sich lang und springt oder fällt in die Arme der anderen. Bei dieser Übung ist es sehr wichtig, eine gemeinsame Konzentration herzustellen.

Abbildung S. 95.

4.18 Rollerbahn

10–30 SpielerInnen, 10–20 Minuten

Alle SpielerInnen liegen auf dem Bauch, die Arme nach vorne. Sie liegen ganz dicht nebeneinander, mit dem Kopf in der gleichen Richtung. Ein Spieler rollt sich – ebenfalls liegend und mit langgestreckten Armen – über die anderen hinweg. Achtung: nicht über die Knie der unten liegenden rollen.

4.19 Figuren mit geschlossenen Augen stellen

Ab 6 SpielerInnen, 15 Minuten

Alle SpielerInnen schließen die Augen und gehen, jeder für sich, im Raum umher. Auf Ansage des Spielleiters werden folgende Figuren mit geschlossenen Augen gestellt:

> Bildet einen Kreis.
> Bildet ein Quadrat.
> Bildet ein Dreieck.
> Bildet einen Stern.
> Stellt Euch der Größe nach auf.

Die SpielerInnen können nach jedem Versuch die Augen öffnen, um zu kontrollieren, ob sie es geschafft haben.

Abbildung S. 99

Fliegen (Beschreibung S. 94)

4.20 Laufen mit geschlossenen Augen

6–30 SpielerInnen, 15 Minuten

Die SpielerInnen laufen einzeln und mit einem sicheren Abstand, einer nach dem anderen mit geschlossenen Augen über eine größere Distanz (je nach Raumgröße 5 bis 10 Meter) dem Spielleiter in die Arme. Der Spielleiter fängt die SpielerInnen auf oder ruft laut Stop.

Abbildung S. 97.

4.21 Reiten auf einem Partner

10–30 SpielerInnen, 20 Minuten

Es werden Paare gebildet. Ein Partner kniet am Boden. Der andere setzt sich auf seinen Partner, aber recht weit hinten, also nicht mitten auf den Rücken, sondern mehr auf den Po des Knienden. Der Reiter legt seine Beine über die Schultern seines »Pferdes«. Er darf sich nicht festhalten. Das »Pferd« geht jetzt auf allen vieren langsam los. Der Reiter balanciert freihändig. Die beiden überwinden eine gewisse Strecke und wechseln dann. Je nach Raumgröße können drei oder mehr Paare gleichzeitig starten. Variation: Der Reiter steht auf dem Pferd. Dabei geht ein weiterer Mitspieler neben den beiden her, um eventuell Hilfestellung zu geben.

Abbildung S. 98.

4.22 Einen Partner hin- und herwiegen

10–30 SpielerInnen, 10 bis 15 Minuten

Es werden Kleingruppen à drei Personen gebildet. Ein Spieler steht zwischen zwei anderen mit jeweils einem halben Meter Abstand. Der in der Mitte Stehende macht sich steif und läßt sich nach vorne fallen. Sein vor ihm stehender Partner fängt ihn und gibt ihm einen kleinen Stoß, so daß er nach hinten zu dem anderen Partner fällt. Dieser fängt ihn wieder und gibt ihm einen kleinen Stoß. Der Spieler in der Mitte wird auf diese Weise zwischen seinen Partnern hin- und hergewiegt. Nach ein paar Minuten wird gewechselt.

Abbildung S. 99.

Laufen mit geschlossenen Augen (Beschreibung S. 96)

Reiten auf einem Partner (Beschreibung S. 96)

Einen Partner hin- und herwiegen (Beschreibung S. 96)

Figuren mit geschlossenen Augen stellen (Beschreibung S. 94)

5. Erzählübungen

5.1 Geschichte mit Person und Gegenstand

Mehrere Kleingruppen à drei SpielerInnen, 15 Minuten

Ein Spieler denkt sich eine Person aus, ein anderer unabhängig davon einen Gegenstand. Beide sagen dem dritten, was sie sich ausgedacht haben. Dieser erzählt eine Geschichte, in der die Person und der Gegenstand vorkommen. Anschließend Rollentausch.
Ebenso:
Person und Tier, Märchenfigur und Gegenstand, Situation und Gegenstand, etc.

5.2 Kleider-Ich

3–30 SpielerInnen

Reihum erzählt jeder eine Geschichte über eines seiner Kleidungsstücke in der Ich-Form. Zum Beispiel: »Ich bin der Schuh von ... Ich wurde in Italien hergestellt. Als die Verkäuferin ...«

5.3 Wandergeschichte

Ab 3 SpielerInnen, 10–15 Minuten

Die Gruppe sitzt im Kreis und versucht gemeinsam eine sinnvolle Geschichte zu erzählen, indem der Reihe nach jede(r) nur ein Wort (einen Satz) sagt. Eventuell den Titel der zu erzählenden Geschichte vorschlagen lassen.

5.4 Zwischenrufgeschichte

Ab 3 SpielerInnen

Einer erzählt eine Geschichte. Die Zuhörer rufen ihm Wörter zu. Der Erzähler muß sie möglichst bald und geschickt einbauen. Der Spielleiter sollte darauf achten, daß nicht zu viele Wörter gerufen werden.

6. Darstellungs- und Ausdrucksübungen

6.1 Berufe raten

Ab 3 SpielerInnen

Jeder Spieler bekommt vom Spielleiter einen Beruf, den er pantomimisch darstellen muß. Die Zuschauer raten, um welchen Beruf es sich handelt.

6.2 Eigenschaften erraten

6–30 SpielerInnen, 15–20 Minuten

Es werden zwei Großgruppen gebildet. Die Gruppe einigt sich auf eine bestimmte Eigenschaft, z.B. »zornig«, und versucht, diese Eigenschaft durch Gesichtsausdruck und Körperhaltung pantomimisch darzustellen. Die andere Gruppe muß raten, welche Eigenschaft es ist. Dann stellt die andere Gruppe eine Eigenschaft dar usw.

6.3 Improvisation mit Eigenschaften und Orten

6–30 SpielerInnen

Es werden Eigenschaften und Orte auf getrennte Zettel geschrieben. Jeweils ein Paar improvisiert aus zwei Begriffen (z.B. müde/Kirche, kalt/Strand, usw.) nach einer kurzen Vorbereitung eine kleine Szene. Die Eigenschaft und der Ort sind von den Zuschauern zu erraten.

6.4 Fahrstuhl in einem Kaufhaus

3–30 SpielerInnen

Verschiedene Personen steigen in einen Fahrstuhl. Plötzlich bleibt der Fahrstuhl stecken. Wie geht die Szene weiter? Die SpielerInnen bilden Kleingruppen, überlegen eine Lösung und spielen die ganze Szene. Beim Ausdenken von Szenen sind der Phantasie des Spielleiters keine Grenzen gesetzt.

6.5 Grommolo

Teilnehmerzahl unbegrenzt

Grommolo ist nichts anderes als Kauderwelsch. Die SpielerInnen sollen sich zu zweit oder in Kleingruppen, später auch vor der ganzen Gruppe, Geschichten in Grommolo erzählen. Wenn das gut klappt, können auch ganze Szenen in Grommolo gespielt werden. Es ist darauf zu achten, daß der Erzähler wirklich ein Thema oder eine Geschichte gedanklich miterzählt. Auch sollten Gestik, Mimik und Stimme möglichst echt sein.

6.6 Orte raten

10–30 SpielerInnen

Es bilden sich zwei Großgruppen. Die Gruppen bekommen vom Spielleiter einen Ort, den sie pantomimisch darstellen. Die zuschauende Gruppe muß raten, um welchen Ort es sich handelt.

6.7 Rollenverhalten

6–20 SpielerInnen, 20–30 Minuten

Die SpielerInnen überlegen sich jeder vor Beginn eine Rolle, z.B. Polizistin, Penner etc. oder ziehen eine Karte, auf die der Spielleiter eine Rolle geschrieben hat.
Die Gruppe bildet einen Kreis. Einer nähert sich einem anderen in einer bestimmten Rolle, z.B. als Punker, Koch, Königin, … Der andere reagiert in seiner Rolle, z.B. als Mutter, Dompteur, Busfahrerin … Es entwickelt sich eine kurze Szene.

6.8 Zusammengesetzte Hauptwörter

6–30 SpielerInnen, 10–45 Minuten

Es bilden sich Paare. Jedes Paar zieht einen Zettel, auf dem ein zusammengesetztes Hauptwort steht, z.B. Wolkenkratzer. Einer stellt den ersten Teil des Wortes, der andere den zweiten pantomimisch dar. Die Zuschauer erraten das Wort.

6.9 Auf Zuruf Gefühle darstellen

10–30 SpielerInnen, 15–20 Minuten

Drei SpielerInnen stehen mit dem Rücken zur Gruppe. Der Spielleiter oder andere SpielerInnen rufen ihnen ein Gefühl zu. Die drei drehen sich um und stellen das Gefühl spontan pantomimisch – durch Mimik und Körpersprache – dar. Die SpielerInnen sollten jeder für sich spielen und sich nicht auf die anderen beziehen. Pro Kleingruppe sollten fünf bis zehn verschiedene Gefühle dargestellt werden.
Steigerung: Die drei SpielerInnen sollen das Gefühl unterschiedlich stark darstellen. Einer ist z.B. etwas ängstlich, der zweite hat starke Angst, der dritte ist fast panisch.

6.10 Märchen in Bildern darstellen

10–30 SpielerInnen, 20–30 Minuten

Es werden Kleingruppen à vier oder fünf Personen gebildet. Jede Gruppe zieht einen Zettel, auf dem ein Märchen steht. Die Gruppen denken sich fünf oder sechs Bilder aus diesem Märchen aus und stellen sie als Standbild dar. Zwischen den einzelnen Bildern sollte der Raum verdunkelt werden, falls das nicht möglich ist, schließen die Zuschauer die Augen. Nach dem letzten Bild raten die Zuschauer, welches Märchen dargestellt wurde.

7. Improvisation und Szenenentwicklung

7.1 Drei-Wort-Szene

10–30 SpielerInnen

Die SpielerInnen erfragen von den Zuschauern drei Wörter und improvisieren eine Szene, in der diese Wörter gesagt werden müssen. Ebenso: drei Sätze, drei Requisiten, …

7.2 Gefühl, Gegenstand, Spielort, Spielart

10–30 SpielerInnen, 30–45 Minuten

Es werden Kleingruppen à vier bis fünf Personen gebildet. Jede Gruppe bekommt einen Zettel, auf dem ein Gefühl (z.B. nervös), ein Gegenstand (z.B. ein Dosenöffner), ein Spielort (z.B. im Himmel) und eine Spielart (z.B. Western) steht. Die Gruppe entwickelt mit diesen Vorgaben eine Szene und spielt sie den anderen vor.

7.3 Kontrolleur und Schwarzfahrer

10–30 SpielerInnen, 30–45 Minuten

Es werden Kleingruppen à vier bis fünf Personen gebildet. Alle Gruppen bekommen die Aufgabe, zum selben Thema eine Spielszene zu entwickeln. Beispiel: Der Spielort ist eine Straßenbahn oder ein Bus. Mehrere Personen fahren in dem Bus. Eine Person ist ein Schwarzfahrer. Ein Kontrolleur will die Fahrscheine sehen. Was passiert? Wie verhalten sich der Schwarzfahrer, der Kontrolleur, die anderen Fahrgäste? Wie endet die Szene? Die Gruppen haben zehn Minuten Zeit, die Szene und ihr Ende zu entwickeln und zu proben. Dann spielt jede Gruppe den anderen ihre Szene vor. Bei der Entwicklung von Spielszenen sind der Phantasie keine Grenzen gesetzt.

Ergänzende Möglichkeiten der eigenen Fortbildung

»Szenisches Lernen« ist eine neue Unterrichtsform mit veränderten Abläufen, Ritualen und einer veränderten Lehrerrolle. Einerseits vertritt man als Lehrer anders als im Frontalunterricht eher eine Moderatorenrolle, man muß den gesamten Lernprozeß jedoch immer im Blick haben und auf verschiedenen Ebenen den Schülern praktische Hilfestellung leisten. Hier gilt es, erst einmal Erfahrungen zu sammeln und neue Routine zu gewinnen.

Meist macht man die neuen Erfahrungen jedoch schon mit Schülern gemeinsam, muß ihnen in jeder Situation praktische Hilfestellung geben und zeigt damit auch eigene Unsicherheiten in der neuen Unterrichtsform. Bei der Durchführung der ersten Projekte des »Szenischen Lernens« an unserer Schule wurde sehr schnell klar, daß die Lehrer und Lehrerinnen zum Teil damit überfordert waren, spontan in die Spiele und Übungen miteinzusteigen. Einigen LehrerInnen war es vertraut, sich auch als Lernender vor den Schülern zu zeigen, andere weigerten sich aber anfangs, an den Spielen und Übungen teilzunehmen. Zum Teil hatten sie Angst, sich zu blamieren, bzw. war es für sie fremd, anders als in der bekannten Lehrerrolle vor die Schüler zu treten.

Um sich als Lehrer ein Forum zu schaffen, wo man neue Formen praktisch »ausprobieren« kann, bieten sich verschiedene Formen der Fortbildung an. Relativ einfach ist die Gründung einer Theatergruppe für interessierte Lehrer an der eigenen Schule, in der man Spiele, Übungen und Theaterformen unter Gleichen ausprobieren und kennenlernen kann, die dann auch Sicherheit für den eigenen Unterricht vermitteln. So sollen durch die eigene Erfahrung Spiele besser verständlich werden und Erklärungen zu den Spielen und Übungen erfahrbar gemacht werden. Wenn man selber in die Schülerrolle schlüpft, kann man später auch praktische Probleme der Schüler während des Szenischen Lernens besser verstehen und Hilfestellung geben. Hilfreich ist dabei eine offene und entspannte Atmosphäre, ebenso die Verpflichtung eines Trainers oder Regisseurs, wenn nicht ein Kollege diese Rolle übernehmen kann. Als Übungen eignen sich durchaus die im vorigen Kapitel erwähnten Spiele und Szenischen Anregungen, weitere finden sich in den Literaturhinweisen.

Die Treffen der Theatergruppe sollten mit Aufwärmspielen und Gymnastik beginnen, um sich dann Wahrnehmungsübungen und -spielen zuzuwenden. Teilweise ergeben sich Schwierigkeiten bei der praktischen, ja auch körperlichen Arbeit des Szenischen Lernens. Viele Lehrer leiden unter Rückenproblemen, müssen deshalb bei bestimmten Übungen sehr vorsichtig sein. In diesen Übungen lernt man, sich und seine eigenen Bewegungsmöglichkeiten besser einzuschätzen.

Reihe »Werkstattbuch Grundschule«

Herausgegeben von Dieter Haarmann

Leonhard Blumenstock/Erich Renner (Hrsg.)
Freies und angeleitetes Schreiben
Beispiele aus dem Vor- und Grundschulalter.
142 S. Br. DM 34,–/öS 265,–/sFr 35,20
ISBN 3-407-62131-0
Eine Fülle praktischer und von jedem nachvoll-
ziehbarer Beispiele zeigt, wie »freies und angeleitetes Schreiben« in konstruktivem Verbund sich
stufenweise entfaltet.

Helmut Breuer/Maria Weuffen
Lernschwierigkeiten am Schulanfang
Schuleingangsdiagnostik zur Früherkennung und
Frühförderung.
198 S. Br. DM 38,–/öS 297,–/sFr 39,20
ISBN 3-407-62170-1
Je früher Ursachen für Lernschwierigkeiten im
Anfangsunterricht erkannt werden, desto besser
gelingt individuelle Förderung. Das Buch bietet
dafür konkrete Hinweise und Ratschläge.

Kurt Czerwenka (Hrsg.)
Das hyperaktive Kind
Ursachenforschung – Pädagogische Ansätze – Di-
daktische Konzepte.
145 S. Br. DM 29,80 / öS 233,– / sFr 31,–
ISBN 3-407-62188-4
Das Hyperaktivitäts- oder »Zappelphilipp«-Syn-
drom wird aus verschiedenen Fach-
aspekten beschrieben.

Mechthild Dehn
Schlüsselszenen zum Schrifterwerb
Arbeitsbuch zum Lese- und Schreibunterricht in
der Grundschule.
200 S. Br. DM 34,–/öS 265,–/sFr 35,20
ISBN 3-407-62181-7
Über Analyse und Interpretation von Ausschnitten
aus Unterrichtsprotokollen werden zentrale
Aspekte des Schrifterwerbs zugänglich gemacht.

Maria Fölling-Albers
Schulkinder heute
Auswirkungen veränderter Kindheit auf Unter-
richt und Schulleben.
130 S. Br. DM 36,–/öS 281,–/sFr 37,20
ISBN 3-407-62160-4

Kinder wachsen heute unter anderen Bedingun-
gen auf. Wie geht die Grundschule auf die veränderten Erfordernisse der ›Schulkinder heute‹ ein?

Irmintraut Hegele (Hrsg.)
Lernziel: Freie Arbeit
Unterrichtsbeispiele aus der Grundschule.
181 S. Br. DM 36,–/öS 281,–/sFr 37,20
ISBN 3-407-62105-1
Unterrichtseinheiten für die Grundschule, die den
Unterricht für die Erfahrungen und Handlungs-
möglichkeiten von Kindern öffnen lernen.

Irmintraut Hegele
Lernziel: Offener Unterricht
Unterrichtsbeispiele aus der Grundschule.
157 S. Br. DM 32,–/öS 250,–/sFr 33,20
ISBN 3-407-62184-1
Die Unterrichtsbeispiele geben Anregungen und
Hilfen, wie das Lernen in der Grundschule offener
gestaltet werden kann.

Klaus-Dieter Lenzen
Erzähl' mir k(l)eine Märchen!
Literarische Ausflüge mit Schulkindern.
125 S. Br. DM 34,–/öS 265,–/sFr 35,20
ISBN 3-407-62175-2
Neue und alte Märchen – so kann eine lebendige
Erzählkultur im Sachunterricht der Grundschule
gefördert werden.

Christine Mann
Selbstbestimmtes Rechtschreiblernen
Rechtschreibunterricht als Strategievermittlung.
VIII, 77 S. Br. DM 28,–/öS 219,–/sFr 29,30
ISBN 3-407-62134-5
Vorschläge für einen systematischen Aufbau
des Rechtschreibunterrichts auf der Basis der
lautgetreuen Schreibung

Brunhilde Marquardt-Mau/Rudolf Schmitt (Hrsg.)
Chima baut sich eine Uhr
Dritte-Welt-Erziehung im Sachunterricht:
Thema Zeit.
151 S. Br. DM 36,–/öS 281,–/sFr 37,20
ISBN 3-407-62128-0
Die erprobten Unterrichtsbeispiele enthalten Vor-
schläge für offene Lernsituationen, in denen sich
Kinder mit dem Thema Zeit beschäftigen können.

BELTZ

Beltz Verlag · Postfach 100154 · 69441 Weinheim

B_234A

Reihe »Werkstattbuch Grundschule«

Herausgegeben von Dieter Haarmann

Ulf Mühlhausen
Überraschungen im Unterricht
Situative Unterrichtsplanung.
257 S. Br. DM 48,–/öS 375,–/sFr 49,40
ISBN 3-407-62192-2
Ein Plädoyer für einen »überraschungsoffenen«
Unterricht als Gegenentwurf zum herkömmlichen
Planungsbegriff.

Christa Röber-Siekmeyer
Die Schriftsprache entdecken
Rechtschreiben im offenen Unterricht.
221 S. Br. DM 46,–/öS 349,–/sFr 47,40
ISBN 3-407-62167-1
Dieses Buch öffnet neue Wege zu einer aktiven
und individualisierten Aneignung der deutschen
Grammatik und Rechtschreibung ohne Drill,
Leistungsdruck und Versagensangst.

Helmut Schafhausen (Hrsg.)
Handbuch Szenisches Lernen
Theater als Unterrichtsform.
108 S. Br. DM 26,–/öS 203,–/sFr 27,30
ISBN 3-407-62197-3
Mit konkreten Beispielen aus verschiedenen Fächern wird Szenisches Lernen als Integration von
praktischen und theoretischen Elementen einer
neuen Lernform entfaltet.

Heinz Schernikau/Barbara Zahn (Hrsg.)
Frieden ist der Weg
Bausteine für das soziale und politische Lernen.
204 S. Br. DM 42,–/öS 328,–/sFr 43,30
ISBN 3-407-62129-9
Texte, Bilder, Lieder, Spiele, Themenvorschläge
und Unterrichtsprojekte für eine Friedenserzie-
hung in der Grundschule.

Adelheid Staudte (Hrsg.)
Ästhetisches Lernen auf neuen Wegen
173 S. Br. DM 39,80/öS 311,–/sFr 41,–
ISBN 3-407-62172-8
Argumente und Beispiele für ästhetisches Lernen
als fächerübergreifendes und fächerverbindendes
Prinzip in allen Lernbereichen der Grundschule.

Dagmar Wehr
»Eigentlich ist es etwas Zärtliches«
Erfahrungsbericht über die Auseinandersetzung
mit Sexualität in einer dritten Grundschulklasse.
84 S. Br. DM 26,–/öS 203,–/sFr 27,30
ISBN 3-407-62168-X
Sensibler Erfahrungsbericht zum Umgang mit
dem Thema Sexualität in der Grundschule.

Hildegund Weigert/Edgar Weigert
Schuleingangsphase
Hilfen für eine kindgerechte Einschulung.
153 S. Br. DM 32,–/öS 250,–/sFr 33,20
ISBN 3-407-62127-2
Ein empfehlenswertes, in sich geschlossenes Ein-
schulungskonzept. Umfangreiche Anregungen
für die praktische Gestaltung und verschiedenste
Spielvorschläge erleichtern den Lehrern ihre
Vorbereitung.

Hildegund Weigert/Edgar Weigert
Schülerbeobachtung
Ein pädagogischer Auftrag.
126 S. Br. DM 36,–/öS 281,–/sFr 37,20
ISBN 3-407-62171-X
Konsequente Schülerbeobachtung ist Vorausset-
zung für gezielte Beratung, fundierte Beurteilung
und Überprüfung der eigenen pädagogischen
Tätigkeit. Auswertbare Ergebnisse helfen, den
Unterricht/die Schule zu öffnen.

Ingeborg Wolf-Weber/Mechthild Dehn
Geschichten vom Schulanfang
»Die Regensonne« und andere Berichte.
127 S. Br. DM 29,80/öS 233,–/sFr 31,–
ISBN 3-407-62174-4
Wie sehen wir Schulanfänger und wie können wir
sie erreichen – auch die, die uns massiven Wider-
stand zeigen? Das sind die Fragen, die die Erzäh-
lungen einer Lehrerin aus Klasse 1 und aus der
Vorschulklasse bestimmen.

Beltz Verlag · Postfach 10 01 54 · 69441 Weinheim

B_234B

Handbuch Grundschule

Herausgegeben von Dieter Haarmann

Dieses Handbuch informiert über die aktuelle Situation der Grundschule und den gegenwärtigen Stand der Grundschulpädagogik und -didaktik.

Band 1

Allgemeine Didaktik: Voraussetzungen
und Formen grundlegender Bildung
288 Seiten. Gebunden.
ISBN 3-407-62146-9

Band 1 zeigt die Veränderung ihrer gesellschaftlichen und theoretischen Grundlagen
auf (Wandel der Kindheit, Öffnung von
Schule und Unterricht, neues Lern- und
Leistungsverständnis und andere all-
gemeindidaktische Fragen).

Band 2

Fachdidaktik: Inhalte und Bereiche
grundlegender Bildung
350 Seiten. Gebunden.
ISBN 3-407-62147-7

Band 2 behandelt die jüngste Entwicklung
der Inhalte und Lernbereiche des Grund-
schulunterrichts.

Beltz Verlag · Postfach 1001 54 · 69441 Weinheim

Preisänderungen vorbehalten

B_315